高等职业教育"十三五"规划教材·会计类精品系列

企业会计实训

丁小华　主　编

王　岩　副主编

科学出版社

北　京

内 容 简 介

　　本书按照企业的经营性质和特点,以中小企业常见的经济业务为背景和载体,根据小微企业对会计岗位能力的工作要求,通过对企业基本经济业务的实际操作,让学生在独立实操中巩固已学到的会计理论基础知识,选择适用的会计政策和会计核算方法,掌握会计核算工作的基本流程,达到初步具备从事会计工作能力的目的。

　　本书选取了商贸企业、烘焙企业、商品零售企业、快递企业及加工企业五个中小企业的业务,能够让学习者掌握不同企业的会计核算方法及账务处理流程,从而为其从事会计工作打下良好的基础。

　　本书可以作为高职会计类专业的课程教材,也可以作为财经相关专业的基础课教材,还可供在职人员进行会计实操自学和培训时使用。

图书在版编目(CIP)数据

企业会计实训/丁小华主编. —北京:科学出版社,2019.3

(高等职业教育"十三五"规划教材·会计类精品系列)

ISBN 978-7-03-060844-4

Ⅰ.①企… Ⅱ.①丁… Ⅲ.①企业会计-高等职业教育-教材 Ⅳ.①F275.2

中国版本图书馆 CIP 数据核字(2019)第 048111 号

责任编辑:薛飞丽　杨　昕/责任校对:马英菊
责任印制:吕春珉/封面设计:东方人华平面设计部

科 学 出 版 社 出版

北京东黄城根北街 16 号
邮政编码:100717
http://www.sciencep.com

三河市荣展印务有限公司 印刷

科学出版社发行　　各地新华书店经销

*

2019 年 3 月第　一　版　　开本:787×1092 1/16
2019 年 3 月第一次印刷　　印张:13 3/4
字数:326 000

定价:38.00 元

(如有印装质量问题,我社负责调换〈荣展〉)

销售部电话 010-62136230　编辑部电话 010-62135120-2039

高等职业教育"十三五"规划教材·会计类精品系列
编写委员会

前　言

　　会计是一门对学生的实践技能要求很高的学科。目前，高职院校会计专业的毕业生因为缺乏相应的实践操作经验，很难在毕业后立即找到一份会计岗位的工作；即便他们在校期间有校外顶岗实践课程，很多企业也会出于会计工作的保密性和连续性的考虑，不接收前来实践的学生，学生的职业岗位工作能力并没有真正地得到提升。鉴于此，编者选取了商贸企业、烘焙企业、商品零售企业、快递企业及加工企业五个中小企业，以其发生的经济业务背景作为案例资料，以仿真的会计主体、凭证资料，展示经济业务涉及的单证、票、章等，增强感性认识，通过对案例企业的业务流程及账务处理的训练（实训内容中有部分空白原始凭证需要学生自己填写，从而达到练习和巩固填写原始凭证的目的），让学生能够快速掌握企业会计实操技能。

　　本书由丁小华任主编，具体编写分工如下：实训一由丁小华、姜晖编写，实训二由徐晓静编写，实训三由王岩、王玉颖编写，实训四由何丽编写，实训五由刘扬、杜嘉美编写，丁小华总纂。

　　由于编者学识和水平有限，书中难免存在不足之处，敬请读者批评指正。

编　者

2018 年 8 月

目　　录

商贸企业会计核算

实训目的

本实训以威海华美商贸有限公司为会计主体,通过该公司 2018 年 11 月设立到 12 月新设企业账税一体化的建立,要求学生掌握新设立商贸企业办理经济业务所涉及的核算内容,包括建账、原始凭证填制与审核、记账凭证编制与审核、账簿登记、对账与结账、财务报表编制等业务。

通过实训,学生可以了解新设立企业的经济业务内容及会计核算的基本流程。

实训目标

- 掌握新设企业的账务处理与税务处理。
- 掌握小规模纳税人企业的账务处理与税务处理。

实训描述

■ 实训知识准备

初步学习了财经法规、初级会计实务、税法、成本会计等基本理论知识。

■ 实训材料准备

(1)通用记账凭证、科目汇总表。

(2)日记账、三栏式明细账、数量金额式明细账、总账。

(3)记账凭证封面、明细账账簿封面、会计报表。

(4)黑色碳素笔、红色碳素笔、凭证装订机图章、口取纸、尺子、剪刀、胶水、针、线绳等。

■ 实训工作要求

本实训采用手工账务处理方式,由学生独立完成从建账到编制会计报表及纳税申报等各个核算环节的会计工作内容,并完成对会计档案的整理、装订。具体内容如下。

1. 了解业务内容

通读全部资料,熟悉实训程序及要求,以及该公司从设立到正式成立运营的基本情况、所采用的会计核算程序、具体的会计处理方法和有关制度规定,了解该公司生产经营等各种业务活动的情况。

2. 建账

严格按照会计工作的实际要求，启用新账簿。

3. 填制记账凭证

（1）审核原始凭证。处理每项经济业务时，要注意新设企业的特殊业务并认真审核原始凭证，确保原始凭证所反映的经济业务内容和数据是完全真实准确的。

（2）填制和审核记账凭证。记账凭证使用通用记账凭证，根据原始凭证填制记账凭证，填制完毕后，应仔细审核其账户名称、金额、凭证编号及签字等内容（注意新设企业特殊业务的账务处理）。

4. 登记账簿

登记账簿时，对现金日记账、银行存款日记账和有关明细分类账，应在业务发生时根据记账凭证逐笔登记；对各有关总分类账，根据科目汇总表登记。登完账后，应核对账证记录，确保准确无误。

5. 对账和结账

期末结账前应先认真对账，包括账证核对、账账核对和账实核对。若有问题，须按照规定进行错账更正，结出各个账户的本期发生额和期末余额。

6. 编制财务报表及纳税申报

在结账的基础上，根据本期账户余额和发生额编制资产负债表和利润表，并完成纳税项目的申报。

7. 装订归档

将已填制的记账凭证加具封面装订成册，对各种账页按照顺序进行排列并编号，按照总账、明细账的类别装订成册。各种报表也应加具封面装订成册。账、证、表分类装订成册并归档保管。

实训内容

（一）企业基本情况

企业名称：威海华美商贸有限公司。
法人代表：王华。
注册资本：10万元人民币。
企业类型：有限责任公司。

开户银行：威海市商业银行高区①支行。

银行账号：817850001421825042。

纳税人识别号：915101000694437123

联系电话：0631-5710939。

公司注册地址：威海市高区科技新城区 1 号。

公司经营范围：日用百货、文化办公用品、包装材料、工艺品、五金交电、电子产品、通信器材、通信设备、仪器仪表、橡胶制品、塑料制品、金属制品、建筑材料、装潢材料、酒店设备、家具。

（二）会计岗位分工

（1）出纳人员：王红——根据业务资料，手工签发转账支票、填制进账单的核心事项，登记银行存款日记账。

（2）总账会计：张新——根据业务提供的资料，填制相关原始凭证，编制记账凭证，登记各分类账。

（3）会计主管：李丽——审核相关会计凭证并签章，编制会计报表，计算财务指标。

（三）新设企业核算流程

威海华美商贸有限公司 2018 年 12 月新开业。新设企业核算流程图如图 1-1 所示。

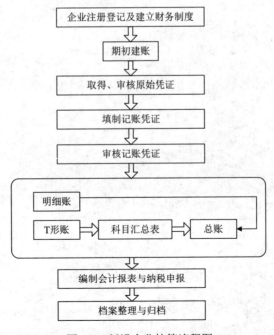

图 1-1 新设企业核算流程图

---

① 威海市火炬高技术产业开发区，以下简称"高区"。

（四）企业会计政策简介

（1）公司执行《小企业会计准则》，目前为增值税小规模纳税人。

（2）公司以人民币为记账本位币，采用科目汇总账务处理程序登记总分类账。

（3）存货购进材料按照实际成本计价，发出原材料成本的计价方法采用先进先出法。月末已入库未取得发票的材料需暂估入库，并于下月初冲回。周转材料采用一次摊销法。

（4）购入材料未入库记入"在途物资"科目，已入库未直接领用的记入"原材料"科目；月末存货盘点采用实地盘存制，以存计耗，月末一次性计算领用材料成本。

（5）固定资产折旧采用平均直线法，残值率为3%，预计使用年限：机器设备10年，办公电子设备3年。

（6）公司年底对各项资产进行盘点，按照管理权限经批准后处理。

（7）公司适用税率：

① 增值税税率为 3%，公司按照规定可以享受小微企业税收优惠（月销售额≤30 000元免征增值税）。

② 城市维护建设税税率为7%，教育费附加税率为3%。

③ 所得税税率为20%，假定本年无纳税调整事项。根据（财税〔2018〕77号）小型微利企业所得税优惠政策有关征管规定，公司可以享受小微企业税收优惠（年应纳税所得额≤100万元，税率20%，应纳税所得额减按50%）。

（五）业务资料

2018 年 12 月，公司发生如下经济业务：

（1）8 日，王华垫付刻章费 680 元。报销单如凭 1-1、凭 1-2 所示。

凭 1-1

报 销 单

填报日期：2018 年 12 月 08 日　　　　　　　　单据及附件共 1 张

姓名	王华	所属部门	总经理办公室	报销形式		
				支票号码		
报销项目		摘要		金额		备注：
开办费		刻章费		680.00		款项由王华
						先垫付
合计				￥680.00		
金额大写：× 拾 × 万 × 仟 陆 佰 捌 拾 零 元 零 角 零 分				原借款：		退（补）款：

总经理：　　　财务经理：　　　部门经理：　　　会计：李丽　　　出纳：　　　报销人：王华

凭 1-2

山东增值税普通发票

发票联

No 00960060

开票日期：2018 年 12 月 08 日

购货单位	名　　　称：威海华美商贸有限公司 纳税人识别号：915101000694437123 地址、电话：威海市高区科技新城区 1 号　0631-5710939 开户银行及账号：威海市商业银行高区支行　817850001421825042	密码区	略

货物或应税劳务名称	规格型号	单位	数量	单价	金额	税率	税额
单位专用章		枚	1	198.11	198.11	6%	11.89
发票专用章		枚	1	198.11	198.11	6%	11.89
财务专用章		枚	1	245.28	245.28	6%	14.72
合计					￥641.50		￥38.50

价税合计（大写）	人民币陆佰捌拾元整	（小写）￥680.00

销货单位	名　　　称：威海光辉印章制作有限公司 纳税人识别号：9150002M33C7674123 地址、电话：威海市高山街 4 号　0631-5710123 开户行及账号：威海市商业银行光明支行　817830201421002390	备注	威海光辉印章制作有限公司 9150002M33C7674123 发票专用章

收款人：李妍　　　复核：李妍　　　开票人：张秀秀　　　销货单位：（章）

第二联：发票联　购货方记账凭证

（2）8日，王华垫付开户及支付密码器款项580元，将现金存入公司银行账户。电子回单如凭1-3所示。

凭1-3

交易时间：2018/12/08　　　交易流水：23817777WDJ0000241　　　业务验证码：4565B04968416375

交易类型：现金

付款人名称：王华

付款人账号：

开户银行及账号：

收款人名称：威海华美商贸有限公司

收款人账号：817850001421825042

收款人开户行：威海市商业银行高区支行

交易金额（小写）：580.00　　手续费：0.00　　　邮电费：0.00

金额合计（大写）：伍佰捌拾元整　　　币种：人民币

备注：

打印次数：01

打印渠道：网上银行　　　　　　打印时间：2018-12-08　　　14:26:18

（3）8日，银行扣取相关费用。如凭1-4、凭1-5所示。

凭1-4

交易时间：2018/12/08　　　交易流水：23817777WDJ0000242　　　业务验证码：4565B0496841632

交易类型：转账

付款人名称：威海华美商贸有限公司

付款人账号：817850001421825042

开户银行及账号：威海市商业银行高区支行

收款人名称：威海市商业银行高区支行

收款人账号：898768807765677778

收款人开户行：威海市商业银行高区支行

交易金额（小写）：380.00　　手续费：0.00　　　邮电费：0.00

金额合计（大写）：叁佰捌拾元整　　　币种：人民币

备注：支付密码器款项

打印次数：01

打印渠道：网上银行　　　　　　打印时间：2018-12-08　　　14:30:13

凭 1-5

 电子回单打印

| 交易时间：2018/12/08 | 交易流水：23817777WDK0001438 | 业务验证码：4565B0496845896 |

交易类型：转账

付款人名称：威海华美商贸有限公司

付款人账号：817850001421825042

开户银行及账号：威海市商业银行高区支行

收款人名称：威海市商业银行高区支行

收款人账号：8987688077765677778

收款人开户行：威海市商业银行高区支行

交易金额（小写）：200.00　　手续费：0.00　　邮电费：0.00

金额合计（大写）：贰佰元整　　　　币种：人民币

备注：对公开户费用

打印次数：01

打印渠道：网上银行　　　　　　　　打印时间：2018-12-08　　14:37:06

（4）8 日，王华垫付办公场地租金。相关单据如凭 1-6、凭 1-7 所示。

凭 1-6

报 销 单

填报日期：2018 年 12 月 08 日　　　　　　　　　单据及附件共 1 张

姓名	王华	所属部门	总经理办公室	报销形式		
				支票号码		
报销项目		摘要		金额		备注：
房租		办公场地租金		6 000.00		款项由王华
						先垫付
合计				￥6 000.00		
金额大写：× 拾 × 万陆 仟 零 佰 零 拾 零 元 零 角 零 分				原借款：		退（补）款：

总经理：　　　财务经理：　　　部门经理：　　　会计：李丽　　　出纳：　　　报销人：王华

凭 1-7

山东增值税普通发票

发票联

No 00760098

开票日期：2018 年 12 月 08 日

购货单位	名　　　称：威海华美商贸有限公司						密码区	略	
	纳税人识别号：915101000694437123								
	地 址、电 话：威海市高区科技新城区 1 号　0631-5710939								
	开户银行及账号：威海市商业银行高区支行　817850001421825042								

货物或应税劳务名称	规格型号	单位	数量	单价	金额	税率	税额
写字楼经营租赁			1	6 000.00	6 000.00		
合计					￥6 000.00	￥6 000.00	
价税合计（大写）	人民币陆仟元整				（小写）￥6 000.00		

销货单位	名　　　称：威海市高区地方税务局		备注	代开企业税号：56688745232
	纳税人识别号：5000C767R4D23478123			代开企业名称：孙华
	地 址、电 话：山东省威海市高区 56 号　0631-5876568	（代开机关）25698000000012		威海高区科技新城区 1 号
	开户行及账号：中国工商银行威海分行　3817830201421002391（完税凭证号）			

威海市高区地方税务局
代开发票专用章（6）

收款人：陆小妍　　　　复核：陆小妍　　　　开票人：张秀丽　　　　销货单位：（章）

第二联：发票联　购货方记账凭证

（5）8 日，王华垫付购买电脑和打印机的费用。相关单据如凭 1-8～凭 1-11 所示。

凭 1-8

报 销 单

填报日期：2018 年 12 月 08 日　　　　　　单据及附件共 1 张

姓名	王华	所属部门	总经理办公室	报销形式		
				支票号码		
报销项目		摘要		金额		备注：
电子设备		购买电脑		4 000.00		款项由王华
		购买打印机		2 800.00		先垫付
合计				￥6 800.00		
金额大写：× 拾 × 万陆仟捌佰零拾零元零角零分				原借款：	退（补）款：	

总经理：　　　财务经理：　　　部门经理：　　　会计：李丽　　　出纳：　　　报销人：王华

凭 1-9

山东增值税普通发票

发票联

No 00890867

开票日期：2018 年 12 月 08 日

购货单位	名　称：	威海华美商贸有限公司					密码区		略	
	纳税人识别号：	915101000694437123								
	地址、电话：	威海市高区科技新城区 1 号　0631-5710939								
	开户银行及账号：	威海市商业银行高区支行　817850001421825042								

货物或应税劳务名称	规格型号	单位	数量	单价	金额	税率	税额
电脑	天逸 510S	台	1	3 448.28	3 448.28	16%	551.72
打印机	惠普 L03	台	1	2 413.79	2 413.79	16%	386.21
合　计					￥5 862.07		￥937.93

价税合计（大写）	人民币陆仟捌佰元整	（小写）￥6 800.00

销货单位	名　称：	威海金鑫商贸有限公司	备注
	纳税人识别号：	915103766786553123	
	地址、电话：	威海市明山路 2 号　0631-5237656	
	开户行及账号：	中国工商银行威海分行　3813444487783020142	

收款人：张丰收　　　　复核：张丰收　　　　开票人：赵宁静　　　　销货单位：（章）

第二联：发票联：购货方记账凭证

凭 1-10

固定资产验收单

2018 年 12 月 08 日

资产编号	00001	资产名称	电脑	型号规格	天逸 510S
供应商名称	威海金鑫商贸有限公司		供应商地址		威海市明山路 2 号
购入日期	2018 年 12 月 08 日		安装完成日期		2018 年 12 月 08 日
金额大写	肆仟元整		小写		￥4 000.00
验收结果	合格		验收日期		2018 年 12 月 08 日
采购部门	总经理办公室		资产管理人		王华
使用部门	总经理办公室		财务审核		李丽
备注					

凭 1-11

固定资产验收单

2018 年 12 月 08 日

资产编号	00002	资产名称	打印机	型号规格	惠普 L03
供应商名称	威海金鑫商贸有限公司		供应商地址		威海市明山路 2 号
购入日期	2018 年 12 月 08 日		安装完成日期		2018 年 12 月 08 日
金额大写	贰仟捌佰元整		小写		￥2 800.00
验收结果	合格		验收日期		2018 年 12 月 08 日
采购部门	总经理办公室		资产管理人		王华
使用部门	总经理办公室		财务审核		李丽
备注					

（6）10日，王华垫付电信服务费。相关单据如凭1-12、凭1-13所示。

凭1-12

报 销 单

填报日期：2018 年 12 月 10 日　　　　　　　单据及附件共 1 张

姓名	王华	所属部门	总经理办公室	报销形式		
				支票号码		
报销项目		摘要		金额		
电信费用		电信服务费		500.00		备注：
						款项由王华
						先垫付
合计				￥500.00		
金额大写： × 拾 × 万 × 仟 伍 佰 零 拾 零 元 零 角 零 分				原借款：	退（补）款：	

总经理：　　财务经理：　　部门经理：　　会计：李丽　　出纳：　　报销人：王华

凭1-13

山东增值税普通发票

山东省

发票联

No 00890256

开票日期：2018 年 12 月 10 日

购货单位	名　称：威海华美商贸有限公司					密码区	略	
	纳税人识别号：915101000694437123							
	地址、电话：威海市高区科技新城区 1 号　0631-5710939							
	开户银行及账号：威海市商业银行高区支行　817850001421825042							
货物或应税劳务名称	规格型号	单位	数量	单价	金额	税率	税额	
*电信服务*基础电信服务			1	454.55	454.55	10%	45.45	
合计					￥454.55		￥45.45	
价税合计（大写）	人民币伍佰元整			（小写）￥500.00				
销货单位	名　称：中国电信集团公司山东省威海市分公司					备注		
	纳税人识别号：586510376678655123							
	地址、电话：威海市少年路 42 号　0631-5225658							
	开户行及账号：中国工商银行威海分行　3566344448778302015							

中国电信集团公司威海分公司
586510376678655123
发票专用章

收款人：李静　　　　复核：李静　　　　开票人：赵敏彤　　　　销货单位：（章）

第二联：发票联　购货方记账凭证

（7）15 日，股东缴付注册资本入账。相关单据如凭 1-14、凭 1-15 所示。

凭 1-14

威海市商业银行
WEIHAI CITY COMMERCIAL BANK

电子回单打印

交易时间：2018/12/15　　交易流水：3817777ER00014458　　业务验证码：565B0496845858

交易类型：现金

付款人名称：王华

付款人账号：

开户银行及账号：

收款人名称：威海华美商贸有限公司

收款人账号：817850001421825042

收款人开户行：威海市商业银行高区支行

交易金额（小写）：80 000.00　　手续费：0.00　　邮电费：0.00

金额合计（大写）：捌万元整　　币种：人民币

备注：

打印次数：01

打印渠道：网上银行　　　　打印时间：2018-12-15　　15:26:18

凭 1-15

威海市商业银行
WEIHAI CITY COMMERCIAL BANK

电子回单打印

交易时间：2018/12/15　　交易流水：3817777ER00014478　　业务验证码：565B0496847825

交易类型：现金

付款人名称：赵美丽

付款人账号：

开户银行及账号：

收款人名称：威海华美商贸有限公司

收款人账号：817850001421825042

收款人开户行：威海市商业银行高区支行

交易金额（小写）：20 000.00　　手续费：0.00　　邮电费：0.00

金额合计（大写）：贰万元整　　币种：人民币

备注：

打印次数：01

打印渠道：网上银行　　　　打印时间：2018-12-15　　15:28:03

（8）16日，支付税控盘及维护费用。相关单据如凭1-16～凭1-18所示。

凭1-16

威海市商业银行 **电子回单打印**
WEIHAI CITY COMMERCIAL BANK

交易时间：2018/12/16　　交易流水：3817777BVG0001569　　业务验证码：565B04968454568

交易类型：转账

付款人名称：威海华美商贸有限公司

付款人账号：817850001421825042

开户银行及账号：威海市商业银行高区支行

收款人名称：威海航天信息有限公司

收款人账号：987688077656777786

收款人开户行：威海市商业银行环发支行

交易金额（小写）：480.00　　手续费：0.00　　邮电费：0.00

金额合计（大写）：肆佰捌拾元整　　币种：人民币

备注：税控盘及维护费用

打印次数：01

打印渠道：网上银行　　　　　　　　打印时间：2018-12-16　　9:26:25

凭1-17

山东增值税普通发票

山东省发票联

No 00890289

开票日期：2018 年 12 月 16 日

购货单位	名　　称：	威海华美商贸有限公司				密码区	略		
	纳税人识别号：	915101000694437123							
	地址、电话：	威海市高区科技新城区 1 号　0631-5710939							
	开户银行及账号：	威海市商业银行高区支行　817850001421825042							

货物或应税劳务名称	规格型号	单位	数量	单价	金额	税率	税额
*税控设备*税控盘			1	172.41	172.41	16%	27.59
合计					¥172.41		¥27.59

价税合计（大写）	人民币贰佰元整	（小写）¥200.00

销货单位	名　　称：	威海航天信息有限公司	备注
	纳税人识别号：	986510376678655123	
	地址、电话：	威海市经济开发区青岛路 5 号　0631-5625658	
	开户行及账号：	威海市商业银行环发支行　987688077656777786	

收款人：李新岩　　复核：李新岩　　开票人：赵晓霞　　销货单位：（章）

第二联：发票联　购货方记账凭证

凭 1-18

山东增值税普通发票

No 00890290

开票日期：2018 年 12 月 16 日

购货单位	名　　　称：威海华美商贸有限公司 纳税人识别号：915101000694437123 地址、电话：威海市高区科技新城区 1 号　0631-5710939 开户银行及账号：威海市商业银行高区支行　817850001421825042	密码区	略

货物或应税劳务名称	规格型号	单位	数量	单价	金额	税率	税额
*税控设备*增值税税控系统技术服务费		月	12	22.012 5	264.15	6%	15.85
合计					¥ 264.15		¥ 15.85

价税合计（大写）	人民币贰佰捌拾元整　　　（小写）¥280.00

销货单位	名　　　称：威海航天信息有限公司 纳税人识别号：986510376678655123 地址、电话：威海市经济开发区青岛路 5 号　0631-5625658 开户行及账号：威海市商业银行环发支行　9876880776656777786

收款人：李新岩　　　复核：李新岩　　　开票人：赵晓霞　　　销货单位：（章）

（9）19 日，报销王华垫付开办期间的所有费用。相关单据如凭 1-19、凭 1-20 所示。

凭 1-19

付款申请书

2018 年 12 月 19 日

用途	金额									收款单位（人）：王华
	千	百	十	万	千	百	十	元	角	分	
报销垫付筹备期费用			¥	1	4	5	6	0	0	0	账号：8965236589956665 开户行：威海市商业银行农垦支行

金额合计（大写）：人民币壹万肆仟伍佰陆拾元整	¥14 560.00	
付讫记录：　现金：□　转账：☑　网银：□　其他：□		银行付讫
总经理　王华	财务部门　经理　李丽 　　　　　　会计　李丽	采购部门　经理　王华 　　　　　　经办人　王华

凭 1-20

威海市商业银行 WEIHAI CITY COMMERCIAL BANK 电子回单打印

交易时间：2018/12/19　　　交易流水：3817765NM0001512　　　业务验证码：65B04968454556

交易类型：转账

付款人名称：威海华美商贸有限公司

付款人账号：817850001421825042

开户银行及账号：威海市商业银行高区支行

收款人名称：王华

收款人账号：8965236589956665

收款人开户行：威海市商业银行农垦支行

交易金额（小写）：14 560.00　　手续费：0.00　　邮电费：0.00

金额合计（大写）：壹万肆仟伍佰陆拾元整　　　币种：人民币

备注：

打印次数：01

打印渠道：网上银行　　　　　　　　打印时间：2018-12-19　　14:26:28

（10）18 日，采购货物，货款通过转账支票支付。相关单据如凭 1-21 所示，填写转账支票（凭 1-22）。

凭 1-21

山东增值税普通发票

山东省 发票联

No 00891365

开票日期：2018 年 12 月 18 日

购货单位	名　称：	威海华美商贸有限公司						密码区	略	
	纳税人识别号：	915101000694437123								
	地址、电话：	威海市高区科技新城区 1 号　0631-5710939								
	开户银行及账号：	威海市商业银行高区支行　817850001421825042								
货物或应税劳务名称	规格型号	单位	数量	单价	金额		税率	税额	
*家具*台灯		个	100	97.087	9 708.74		3%	291.26	
*家具*小桌板		个	150	19.417	2 912.62		3%	87.38	
合计					￥ 12 621.36			￥ 378.64	
价税合计（大写）	人民币壹万叁仟元整			（小写）￥13 000.00					
销货单位	名　称：	威海红木家具有限公司								
	纳税人识别号：	986510376632356123								
	地址、电话：	威海市山河路 469 号　0631-5656889						备注		
	开户行及账号：	中国工商银行威海分行　3563425783026591234								

第二联：发票联　购货方记账凭证

收款人：米卢　　　复核：米卢　　　开票人：刘仪仪　　　销货单位：（章）

凭1-22

<table>
<tr>
<td colspan="2">
中国工商银行支票存根
XVI00235669

附加信息

出票日期　年 月 日

收款人：
金　额：
用　途：

单位主管　　会计
</td>
<td>
中国工商银行　　转账支票　　　　　XVI00235669

出票日期（大写）年　　年　　月　　日　　付款行名称：
收款人：　　　　　　　　　　　　　出票人账号：

人民币　　　　　　　亿 千 百 十 万 千 百 十 元 角 分
（大写）

用途　购材料
上列款项请从
我账户内支付
出票人签章　　　　　　　　复核　　　记账
本支票付款期限十天
</td>
</tr>
</table>

转账支票正面

<table>
<tr>
<td></td>
<td>附加信息：

背书人签章
年 月 日</td>
<td>被背书人

</td>
<td>（贴粘单处）</td>
</tr>
</table>

转账支票背面

要求：出纳员按要求填写支票内容。

（11）19日，采购货物，货款尚未支付。相关单据如凭1-23、凭1-24所示。

凭1-23

发票号码：No.00891258
供应单位：威海家兴办公家具有限公司
材料类别：A

收 料 单

2018 年 12 月 19 日

收料单编号：00001
收料仓库：材料库

| 编号 | 名称 | 规格 | 单位 | 数量 | | 实际成本 | | | | |
| | | | | 应收 | 实收 | 买价 | | 运费 | 其他 | 合计 |
						单价	金额			
0001	台灯		个	100	100	100.00	10 000.00			10 000.00
0002	小桌板		个	200	200	20.00	4 000.00			4 000.00
	合计						14 000.00			14 000.00

财务经理：　　　　仓库保管：李菲　　　　经办人：王华　　　　制单：李菲

凭 1-24

山东增值税普通发票

发票联

No 00891258

开票日期：2018 年 12 月 19 日

购货单位	名　　　称：	威海华美商贸有限公司					密码区	略		
	纳税人识别号：	915101000694437123								
	地址、电话：	威海市高区科技新城区 1 号　0631-5710939								
	开户银行及账号：	威海市商业银行高区支行　817850001421825042								

货物或应税劳务名称	规格型号	单位	数量	单价	金额	税率	税额
*家具*台灯		个	100	97.087	9 708.74	3%	291.26
*家具*小桌板		个	200	19.417	3 883.49	3%	116.51
合计					¥ 13 592.23		¥ 407.77

价税合计（大写）	人民币壹万肆仟元整	（小写）￥ 14 000.00

销货单位	名　　　称：	威海家兴办公家具有限公司	备注	986510376636985123 发票专用章
	纳税人识别号：	986510376636985123		
	地址、电话：	威海市高区顺阳路 75 号　0631-5856889		
	开户行及账号：	中国工商银行威海分行　3566342578302585532		

收款人：余童　　　　复核：余童　　　　开票人：刘晓娜　　　　销货单位：（章）

（12）21 日，销售货物，收到款项。相关单据如凭 1-25、凭 1-26 所示。

凭 1-25

山东增值税普通发票

发票联

No 00891456

开票日期：2018 年 12 月 21 日

购货单位	名　　　称：	威海创新园有限公司					密码区	略		
	纳税人识别号：	915101000694432568								
	地址、电话：	威海市初村北海新城 59 号　0631-5789566								
	开户银行及账号：	威海市商业银行初村支行　817850001421823054								

货物或应税劳务名称	规格型号	单位	数量	单价	金额	税率	税额
*家具*台灯		个	100	126.214	12 621.40	3%	378.64
*家具*小桌板		个	200	29.126	5 825.20	3%	174.76
合计					¥ 18 446.60		¥ 553.40

价税合计（大写）	人民币壹万玖仟元整	（小写）￥ 18 446.60

销货单位	名　　　称：	威海华美商贸有限公司	备注	915101000694437123 发票专用章
	纳税人识别号：	915101000694437123		
	地址、电话：	威海市高区科技新城区 1 号　0631-5710939		
	开户行及账号：	威海市商业银行高区支行　817850001421825042		

收款人：王红　　　　复核：王红　　　　开票人：李丽　　　　销货单位：（章）

凭 1-26

 威海市商业银行
WEIHAI CITY COMMERCIAL BANK

电子回单打印

交易时间：2018/12/21　　　交易流水：817765RT00151456　　　业务验证码：5B0496845455625

交易类型：转账

付款人名称：威海创新园有限公司

付款人账号：817850001421823054

开户银行及账号：威海市商业银行初村支行

收款人名称：威海华美商贸有限公司

收款人账号：817850001421825042

收款人开户行：威海市商业银行高区支行

交易金额（小写）：19 000.00　　手续费：0.00　　　邮电费：0.00

金额合计（大写）：壹万玖仟元整　　币种：人民币

备注：

打印次数：01

打印渠道：网上银行　　　　　打印时间：2018-12-21　　　15:22:28

（13）31 日，结转销售货物的成本。相关单据如凭 1-27、凭 1-28 所示。

凭 1-27

商品销售成本计算表

年　　月　　日

单位：元

产品名称	期初余额		本期入库			本期出库	
	数量	金额	数量	金额	单价	数量	金额
台灯							
小桌板							
合计							

凭 1-28

出 库 单

出货部门：销售部　　　　　2018 年 12 月 31 日　　出库日期：2018.12.21　　出库单编号：00001

编号	名称	规格	单位	数量		实际成本			
				应发	实发	价格		其他	合计
						单价	金额		
0001	台灯		个	100	100				
0002	小桌板		个	200	200				
	合计								

第二联 会计记账联

财务经理：　　　　会计：李丽　　　　仓库保管：李菲　　　制单：李菲

（14）31 日，计提 12 月份工资。相关单据如凭 1-29 所示。

凭 1-29

职工工资明细表

2018 年 12 月

单位：元

所属部门	人员类别	姓名	应付职工工资				代扣款项						实付职工工资
			基本工资	岗位津贴	职务补贴	合计	养老保险8%	医疗保险2%	失业保险1%	住房公积金8%	个人所得税	合计	
行政管理部门	管理人员	王华	3 000.00	240.00	160.00	3 400.00	272.00	68.00	34.00	272.00	0.00	646.00	2 754.00
	管理人员	赵美丽	3 000.00	240.00	100.00	3 340.00	267.20	66.80	33.40	267.20	0.00	634.60	2 705.40
	管理人员	李丽	3 000.00	0.00	0.00	3 000.00	240.00	60.00	30.00	240.00	0.00	570.00	2 430.00
	管理人员	李菲	1 800.00	0.00	0.00	1 800.00	144.00	36.00	18.00	144.00	0.00	342.00	1 458.00
	小计		10 800.00	480.00	260.00	11 540.00	923.20	230.80	115.40	923.20	0.00	2 192.60	9 347.40
销售部门	销售人员	宋冬飞	2 000.00	0.00	0.00	2 000.00	160.00	40.00	20.00	160.00	0.00	380.00	1 620.00
合计			12 800.00	480.00	260.00	13 540.00	1 083.20	270.80	135.40	1 083.20	0.00	2 572.60	10 967.40

单位负责人：王华　　　　　　审核人：李丽　　　　　　制表人：李丽

（15）31 日，计提 12 月份的固定资产折旧。相关单据如凭 1-30 所示。

凭 1-30

固定资产折旧计提表

2018 年 12 月

单位：元

固定资产名称	固定资产类别	使用部门	入账时间	可使用年限	原值	计提折旧额	备注
电脑	电子设备	行政部门	2018-12-08	3	4 000.00	4 000.00	
打印机	电子设备	行政部门	2018-12-08	3	2 800.00	2 800.00	
合计					6 800.00	6 800.00	

审核人：王华　　　　　　制单人：李丽

（16）31 日，处理 12 月份增值税减免税费。填写应纳增值税及减免税额计提表（凭 1-31）。

凭 1-31

应纳增值税及减免税额计提表

年　月　日

单位：元

本季计税金额	征收率	应纳增值税税额	减：代开专票预缴增值税税额	减：防伪税控减免增值税税额	实际应纳增值税税额或免征增值税税额	备注
合计						

审核人：王华　　　　　　制单人：李丽

（17）31 日，计提 12 月份附加税费。填写附加税费计提表（凭 1-32）。

凭 1-32

附加税费计提表

年　月　日　　　　　　　　　　　　　　　　　　单位：元

应交税费明细项目	计算依据	金额	税率	应纳税额	备注
城市维护建设税					
教育费附加					
地方教育附加					
合计					

审核人：王华　　　　　　　　　　制单人：李丽

（18）31 日，计提 12 月份印花税。填写印花税计提表（凭 1-33）。

凭 1-33

印花税计提表

年　月　日　　　　　　　　　　　　　　　　　　单位：元

应交税费明细项目	计税金额	税率	应纳税额	备注
资金账簿				
购销合同（含税）				
财产租赁合同（含税）				
权利、许可证照				
合计				

审核人：王华　　　　　　　　　　制单人：李丽

（19）31 日，结转本期损益。填写 12 月损益类账户结转表（凭 1-34）。

凭 1-34

12月损益类账户结转表

2018 年 12 月 31 日　　　　　　　　　　　　单位：元

科目名称	借方发生额	贷方发生额
主营业务收入		
其他业务收入		
营业外收入		
主营业务成本		
其他业务成本		
税金及附加		
销售费用		
管理费用		
财务费用		
营业外支出		
资产减值损失		
合计		

审核人：王华　　　　　　　　　　制单人：李丽

（20）31 日，年末结转本年利润。编制资产负债表（表 1-1）和利润表（表 1-2）。

表1-1　资产负债表

会企 01 表

编制单位：　　　　　　　　　　　　　　　年　月　日　　　　　　　　　　　　　　单位：元

资产	期末余额	年初余额	负债和所有者权益	期末余额	年初余额
流动资产：			流动负债：		
货币资金			短期借款		
短期投资			应付票据		
应收票据			应付账款		
应收账款			预收账款		
预付账款			应付职工薪酬		
应收股利			应交税费		
应收利息			应付利息		
其他应收款			应付利润		
存货			其他应付款		
其中：原材料			其他流动负债		
在产品			流动负债合计		
库存商品			非流动负债：		
周转材料			长期借款		
其他流动资产			长期应付款		
流动资产合计			递延收益		
非流动资产：			其他非流动负债		
长期债券投资			非流动负债合计		
长期股权投资			负债合计		
固定资产原价					
减：累计折旧					
固定资产账面价值					
在建工程					
工程物资					
固定资产清理					
生产性生物资产			所有者权益：		
无形资产			实收资本		
开发支出			资本公积		
长期待摊费用			盈余公积		
其他非流动资产			未分配利润		
非流动资产合计			所有者权益合计		
资产总计			负债和所有者权益总计		

表1-2　利润表

会企02表

编制单位：　　　　　　　　　　　年　　月　　　　　　　　　　　　单位：元

项目	本年累计金额	本月金额
一、营业收入		
减：营业成本		
税金及附加		
其中：消费税		
城市维护建设税		
资源税		
土地增值税		
城镇土地使用税、房产税、车船税、印花税		
教育费附加、矿产资源补偿费、排污费		
销售费用		
其中：商品维修费		
广告费和业务宣传费		
管理费用		
其中：开办费		
业务招待费		
研究费用		
财务费用		
其中：利息费用（收入以"-"号填列）		
加：投资收益（损失以"-"号填列）		
二、营业利润（亏损以"-"号填列）		
加：营业外收入		
其中：政府补助		
减：营业外支出		
其中：坏账损失		
无法收回的长期债券投资损失		
无法收回的长期股权投资损失		
自然灾害等不可抗力因素造成的损失		
税收滞纳金		
三、利润总额（亏损总额以"-"号填列）		
减：所得税费用		
四、净利润（净亏损以"-"号填列）		

注：本表"本年累计金额"栏反映各项目自年初起至报告期末止的累计实际发生额；本表"本月金额"栏反映各项目的本月实际发生额。在编报年度财务报表时，应将"本月金额"栏改为"上年金额"栏，填列上年全年实际发生额。

实训二

烘焙企业会计核算

实训目的

本实训以小微企业——威之膳品有限公司的日常业务为载体，通过直接操作餐饮业中烘焙业务的核算内容，如费用报销单、银行进账单和转账支票存根的填写等，帮助学生掌握餐饮企业会计核算的基本工作流程，明确小微企业对会计岗位工作能力的要求。

通过实训，学生可以巩固已学到的基础会计理论知识，学会分析企业的行业特点，了解餐饮业中烘焙业务的主要经济业务内容，选择适用的会计政策，提升针对不同行业的会计核算的能力。

实训目标

- 掌握月末与月初账户余额的结转。
- 掌握小规模纳税人烘焙企业的账务处理与税务处理。

实训描述

■ **实训知识准备**

初步学习了财经法规、初级会计实务、税法、成本会计等基本理论知识。

■ **实训材料准备**

（1）通用记账凭证、科目汇总表。

（2）日记账、三栏式明细账、数量金额式明细账、总账。

（3）记账凭证封面、明细账账簿封面、会计报表。

（4）红色碳素笔、黑色碳素笔、凭证装订机、图章、口取纸、尺子、剪刀、胶水、针、线绳等。

■ **实训工作要求**

（1）建立企业账簿，并根据期初资料登记各账簿期初余额。

（2）根据业务资料填制部分原始凭证。

（3）分析原始凭证并据以编制通用记账凭证，审核记账凭证。

填制凭证说明：记账凭证的制单人、审核人处需签章；编制记账凭证必须填制相关会计科目的明细科目；填制记账凭证时资料中未给出的内容可以不填。

（4）根据经审核的记账凭证、原始凭证登记各类账簿。

（5）对建立的账簿月结账。

（6）编制资产负债表，只需登记期末余额。

（7）编制利润表，只需登记本月金额。

（8）整理、装订会计凭证和会计资料。

实训内容

（一）企业基本情况

企业名称：威海威之膳品食品有限公司。

法人代表：王雪龄。

注册资本：10万元人民币。

企业类型：有限责任公司。

开户银行：威海市商业银行振兴支行。

银行账号：817850001421004207。

纳税人识别号：913716944371777123。

联系电话：0631-5711388。

公司注册地址：威海市高区初村科技新城区1号。

公司经营范围：主要经营各种自制的蛋糕、茶点、面包等甜品以及咖啡、奶茶等各种饮品等。

（二）会计岗位分工

（1）出纳人员：崔宇——根据第（3）、（7）笔业务资料，手工签发转账支票、填制进账单的核心事项；登记银行存款日记账。

（2）总账会计：徐筱娟——根据业务提供的资料，填制相关原始凭证，编制记账凭证，登记各分类账。根据第（21）笔业务资料，核算主营业务成本。

（3）会计主管：谭思妍——审核相关会计凭证并签章，编制会计报表和计算财务指标。

（三）企业会计政策简介

（1）公司执行《小企业会计准则》，目前为增值税小规模纳税人。

（2）公司以人民币为记账本位币，采用科目汇总账务处理程序登记总分类账。

（3）存货购进材料按实际成本计价，发出原材料成本的计价方法采用先进先出法。月末已入库未取得发票的材料需暂估入库，并于下月初冲回。周转材料采用一次摊销法。

（4）购入材料未入库记入"在途物资"科目，已入库未直接领用的记入"原材料"科目；月末存货盘点采用实地盘存制，以存计耗，月末一次性计算领用材料成本；鉴于公司经营的食品具有新鲜、即食的特点，月末无库存商品余额，亦无在产品余额。

（5）固定资产折旧采用平均直线法，残值率为3%，预计使用年限：机器设备10年，办公电子设备3年。

（6）公司年底对各项资产进行盘点，按照管理权限经批准后处理。

（7）公司适用税率：

① 增值税税率为 3%，公司按照规定可以享受小微企业税收优惠（月销售额≤30 000 元免增值税）。

② 城市维护建设税税率为 7%，教育费附加税率为 3%。

③ 所得税税率为 20%，假定本年无纳税调整事项。根据（财税〔2018〕77 号）小型微利企业所得税优惠政策有关征管规定，公司可以享受小微企业税收优惠（年应纳税所得额≤100 万元，税率 20%，应纳税所得额减按 50%）。

（四）期初资料

（1）威海威之膳品食品有限公司 2018 年 11 月 30 日期末账户余额如表 2-1 所示。

表2-1　期末账户余额表

2018 年 11 月 30 日　　　　　　　　　　　　　　　　　　　　　　　　　单位：元

账户名称		借方	贷方
银行存款	威海市商业银行振兴支行	39 370.00	
应收账款	学院工会	5 500.00	
	银商（支付宝、微信）		
	学院一卡通		
	合计	5 500.00	
其他应收款	王雪龄（培训借款）	4 200.00	
	周颖超（差旅费借款）	800.00	
	合计	5 000.00	
原材料（见明细资料）		7 794.00	
固定资产	机器设备	24 000.00	
	办公设备	2 700.00	
	合计	26 700.00	
累计折旧		−266.75	
长期待摊费用	店铺装修支出（原值 28 800.00）	28 560.00	
应付账款	暂估材料款（瑞峰公司）		4 800.00
应交税费	应交增值税		
	应交城建税		
	应交教育费附加		
	应交所得税		
	合计		
其他应付款	押金		300.00
	刘晓君		200.00
实收资本	王雪龄		50 000.00
	周颖超		30 000.00

续表

账户名称		借方	贷方
实收资本	刘晓君		20 000.00
	合计		100 000.00
本年利润（8～9月）			7 357.25
利润分配	未分配利润		
合计		112 657.25	112 657.25

（2）威海威之膳品食品有限公司 2018 年 10～11 月损益类账户发生额如表 2-2 所示。

表2-2 损益类账户发生额

单位：元

科目名称	借方发生额	贷方发生额
主营业务收入		52 000.00
主营业务成本	36 700.00	
税金及附加		
销售费用	1 500.00	
管理费用	5 962.75	
财务费用	280.00	
营业外支出	200.00	

（3）"原材料"明细账户期初余额如表 2-3 所示。

表2-3 "原材料"明细账户期初余额

总账科目	明细科目	计量单位	数量	单价/元	金额/元
原材料	A1 奶茶粉	包	25	22.00	550.00
	A2 果汁粉	包	5	30.00	150.00
	A3 果酱	包	6	49.00	294.00
	A4 咖啡粉	包	6	40.00	240.00
	B1 奶油	箱	10	410.00	4 100.00
	B2 面粉	袋	11	120.00	1 320.00
	B3 鸡蛋	筐	2	170.00	340.00
	B4 辅料	箱	50	16.00	800.00
合计					7 794.00

（五）业务资料

2018 年 12 月，公司发生如下经济业务：

（1）1 日，冲回上月暂估。相关单据如凭 2-1、凭 2-2 所示。

凭 2-1

记 账 凭 证

2018 年 11 月 30 日　　　　　　　　　　　　　　记字 25 号

摘要	会计科目		借方金额									贷方金额									记账
	总账科目	明细科目	百	十	万	千	百	十	元	角	分	百	十	万	千	百	十	元	角	分	
暂估入库原材料	原材料	奶油				3	2	8	0	0	0										
	原材料	面粉				1	2	0	0	0	0										
	原材料	辅料					3	2	0	0	0										
	应付账款	暂估入库													4	8	0	0	0	0	
	合计金额		¥		4	8	0	0	0	0		¥		4	8	0	0	0	0		

会计主管：　　　　　记账：　　　　　稽核：谭思妍　　　　　出纳：　　　　　制单：徐筱娟

附件 1 张

凭 2-2

收 料 单

发票号码：No 00900567

供应单位：嘉乐集团股份有限公司　　　　　　　　　　　　收料单编号：00173543

材料类别：B　　　　　　　2018 年 11 月 30 日　　　　　　收料仓库：材料库

编号	名称	规格	单位	数量		实际成本				
				应收	实收	买价		运杂费	其他	合计
						单价	金额			
	B1 奶粉		箱	8	8	410.00	3 280.00			3 280.00
	B2 面粉		袋	10	10	120.00	1 200.00			1 200.00
	B4 辅料		箱	20	20	16.00	320.00			320.00
	合计						4 800.00			4 800.00

主管：王雪龄　　　　　检验员：周颖超　　　　　保管员：刘晓君　　　　　制单：徐筱娟

②会计记账联

（2）4日，采购材料一批，已入库未付款。相关单据如凭2-3、凭2-4所示。

凭2-3

山东增值税普通发票

发票联

No 00900787

开票日期：2018 年 12 月 04 日

购货单位	名　　　　称：威海威之膳品食品有限公司 纳税人识别号：913716944371777123 地址、电话：威海市高区初村科技新城区 1 号　0631-5711388 开户银行及账号：威海市商业银行振兴支行　817850001421004207						密码区	略		第二联：发票联　购货方记账凭证
货物或应税劳务名称	规格型号	单位	数量	单价	金额		税率	税额	
奶茶原料		包	55	20	1 100.00		3%	33.00	
果酱		包	70	50	3 500.00		3%	105.00	
合计					¥ 4 600.00			¥ 138.00	
价税合计（大写）	人民币肆仟柒佰叁拾捌元整			（小写）¥ 4 738.00					
销货单位	名　　　　称：威海瑞峰食品有限公司 纳税人识别号：9137002MA3C7NER990 地址、电话：威海市石河街 14 号　0631-5227688 开户行及账号：威海市商业银行光明支行　817830201421145912						注		

收款人：卢秀妍　　　　　复核：卢秀妍　　　　　开票人：卢秀妍　　　　　销货单位：（章）

凭2-4

收　料　单

发票号码：No 00900787

供应单位：威海瑞峰食品有限公司

材料类别：A　　　　　　　　　　2018 年 12 月 04 日

收料单编号：00173631

收料仓库：材料库

编号	名称	规格	单位	数量		实际成本				②会计记账联
				应收	实收	买价		运杂费	其他	合计
						单价	金额			
A1	奶茶粉		包	55	55	20.60	1 133.00			1 133.00
A3	果酱		包	70	70	51.50	3 605.00			3 605.00
	合计						4 738.00			4 738.00

主管：王雪龄　　　　检验员：周颖超　　　　保管员：刘晓君　　　　制单：徐筱娟

（3）5日，预收学院工会为职工订购的生日蛋糕款，850 张蛋糕票，每张 50 元。填写中国工商银行进账单（凭2-5），相关单据如凭2-6所示。

凭 2-5

中国工商银行进账单（收账通知）3

年 月 日

付款人	全 称		收款人	全 称									
	账 号			账 号									
	开户银行			开户银行									
（大写）					千	百	十	万	千	百	十	元	角	分

票据种类		票据张数		收款人开户银行签章
票据号码				
单位主管（略） 会计（略） 复 核（略） 记账（略）				

资料:

转账支票号码: 110023。

收款人: 威海威之膳品食品有限公司, 开户行及账号: 威海市商业银行振兴支行 817850001421004207。

付款人: 威海高职学院, 开户行及账号: 中国农业银行威海支行初村分理处 15561401042157123。

金额: 42 500.00 元。

凭 2-6

收 款 收 据

2018 年 12 月 05 日　　　　　　　　　　　　第 1 号

姓名	杜霞	所属部门	威海高职学院工会委员会	事由	蛋糕款							
（大写）: 人民币肆万贰仟伍佰元整				转讫		￥	4	2	5	0	0	0	0
同意 刘华明 2018 年 12 月 05 日												
主管	王雪龄	财务负责人	谭思妍	收款人								

第三联: 记账联

（4）7日，采购材料，尚未入库，未付款。相关单据如凭2-7所示。

凭2-7

山东增值税普通发票

发票联

No 03797003

开票日期：2018 年 12 月 07 日

购货单位	名　　称：威海威之膳品食品有限公司 纳税人识别号：913716944371777123 地　址、电话：威海市高区初村科技新城区 1 号　0631-5711388 开户银行及账号：威海市商业银行振兴支行　817850001421004207						密码区	略	
货物或应税劳务名称	规格型号	单位	数量	单价	金额	税率	税额	
*畜禽产品*鸡蛋	45 斤/筐	筐	20	166.50	3 330.00	免税	0	
食品辅料		箱	200	13.6207	2 724.14	16%	435.86	
合计					￥6 054.14		￥435.86	
价税合计（大写）　人民币陆仟肆佰玖拾元整					（小写）￥6 490.00			
销货单位	名　　称：嘉乐集团股份有限公司 纳税人识别号：9137000166697700Y0 地址、电话：威海市昆明路 15 号　0631-5231988 开户行及账号：中国建设银行威海分行　37001706708050233442						备注		

收款人：蒋兰婷　　　　　复核：姚凯颖　　　　　开票人：李云鹤　　　　　销货单位：（章）

（5）8日，采购厨房零星物料，报销刘晓君垫付款。相关单据如凭2-8～凭2-10所示。

凭2-8

付款报告书

用款部门：威海威之膳品食品有限公司	2018 年 12 月 08 日			编号：005
开支内容		单据张数	金额	结算方式
购入厨房物料		1	￥660.00	网银
合计（大写）：人民币陆佰陆拾元整				

单位负责人：王雪龄　　　　会计主管：谭思妍　　　　出纳：崔宇　　　　经办人：刘晓君

凭 2-9

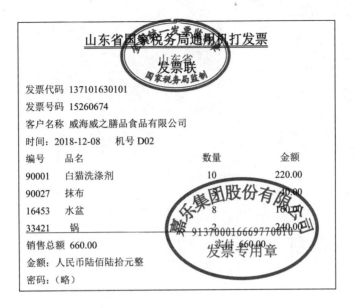

山东省国家税务局通用机打发票

发票联

发票代码 137101630101

发票号码 15260674

客户名称 威海威之膳品食品有限公司

时间：2018-12-08　机号 D02

编号	品名	数量	金额
90001	白猫洗涤剂	10	220.00
90027	抹布		40.00
16453	水盆	8	160.00
33421	锅	2	240.00

销售总额 660.00　实付 660.00

金额：人民币陆佰陆拾元整

密码：（略）

嘉乐集团股份有限公司
9137000166697700I0
发票专用章

凭 2-10

威海市商业银行
WEIHAI CITY COMMERCIAL BANK

电子回单打印

交易时间：2018/12/08　　交易流水：817777777WDJ0000241　　业务验证码：5B0496841632

交易类型：行外转账

付款人名称：威海威之膳品食品有限公司

付款人账号：817850001421004207

开户银行及账号：威海市商业银行振兴支行

收款人名称：刘晓君

收款人账号：62170022300047473871

收款人开户行：中国建设银行威海分行

交易金额（小写）：660.00　手续费：0.00　　邮电费：0.00

金额合计（大写）：陆佰陆拾元整　　币种：人民币

备注：零星购入

打印次数：01

打印渠道：网上银行　　　　打印时间：2018-12-08　　9:46:13

威海市商业银行
电子回单专用章

（6）11 日，本月 7 日采购的材料入库。相关单据如凭 2-11 所示。

凭 2-11

收 料 单

发票号码：No 00900787

供应单位：嘉乐集团股份有限公司　　　　　　　　　　　　　　　收料单编号：00173631

材料类别：B　　　　　　　　　2018 年 12 月 11 日　　　　　　　　　收料仓库：材料库

编号	名称	规格	单位	数量		实际成本					② 会计记账联
						买价		运杂费	其他	合计	
				应收	实收	单价	金额				
	B3 鸡蛋		筐	20	20	166.50	3 330.00			3 330.00	
	B4 辅料		箱	200	200	15.80	3 160.00			3 160.00	
	合计						6 490.00			6 490.00	

单位负责人：王雪龄　　　　检验员：周颖超　　　　保管员：刘晓君　　　　制单：徐筱娟

（7）12 日，采购不需安装的固定资产，验收，付款。相关单据如凭 2-12～凭 2-14 所示。填写转账支票存根（凭 2-15）。

凭 2-12

付款报告书

用款部门：威海威之膳品食品有限公司　　　　　2018 年 12 月 12 日　　　　　　　　　编号：002

开支内容	单据张数	金额	结算方式
购入饮料操作台	2	¥3 510.00	转账
合计（大写）：人民币叁仟伍佰壹拾元整			

单位负责人：王雪龄　　　　会计主管：谭思妍　　　　出纳：崔宇　　　　经办人：刘晓君

凭 2-13

山东增值税普通发票

发票联

No 03797003

开票日期：2018 年 12 月 12 日

购货单位	名　称：威海威之膳品食品有限公司	密码区	略	第二联：发票联 购货方记账凭证
	纳税人识别号：913716944371777123			
	地址、电话：威海市高区初村科技新城区 1 号　0631-5711388			
	开户银行及账号：威海市商业银行振兴支行　817850001421004207			

货物或应税劳务名称	规格型号	单位	数量	单价	金额	税率	税额
饮料操作台		台	1	3 407.77	3 407.77	3%	102.23
合计					¥3 407.77		¥102.23
价税合计（大写）		人民币叁仟伍佰壹拾元整			（小写）¥3 510.00		

销货单位	名　称：威海万向轴承有限公司	备注	威海万向轴承有限公司 132237196208081711 发票专用章
	纳税人识别号：132237196208081711		
	地址、电话：威海市世昌大道 234-19 号　0631-5294999		
	开户行及账号：中国建设银行威海分行　37001706708060443271		

收款人：修振华　　　　复核：修金飞　　　　开票人：修振华　　　　销货单位：（章）

凭 2-14

固定资产验收单

固定资产类别：电子设备 　　　　　　　　　　　　　　　　　　　　　　编号：130401

固定资产名称	饮料操作台	规格型号		生产单位	威海万向轴承有限公司	取得来源	外购
原值	3 510.00	其中：安装费		预计净残值率			5%
生产日期	2018.3.10	验收日期	2018.12.12	开始使用日期	2018.12.12	预计使用年限	5 年
验收意见	符合规定质量标准，验收合格。　　　　　　　　　　　负责人：王雪龄　　　　　　　　　　　　　　　　　2018 年 12 月 12 日						
移交单位		移交单位负责人	王威	移交人	（略）		
接管单位		接管单位负责人	刘晓君	接管人	（略）		

凭 2-15

威海市商业银行转账支票存根

支票号码：18890768903

科　　目：

对方科目：

签发日期：　　　年　月　日

收款人：

金　额：

用　途：

备　注：

会计：（略）　　　单位主管：（略）

记账：（略）　　　复　核：（略）

（8）15 日，采购厨房用具并付款。相关单据如凭 2-16～凭 2-18 所示。

凭 2-16

付款报告书

用款部门：威海威之膳品食品有限公司　　　　2018 年 12 月 15 日　　　　　　　　　　编号：003

开支内容	单据张数	金额	结算方式
厨具一批	2	￥2 400.00	网银
合计（大写）：人民币贰仟肆佰元整			

单位负责人：王雪龄　　　会计主管：谭思妍　　　出纳：崔宇　　　经办人：刘晓君

凭 2-17

山东国家税务局通用机打发票

发票联

发票代码：137101720043

开票日期：2018-12-15

发票号码：00059596

| 客户名称：威海威之膳品食品有限公司 | 客户代码：91370006944371777 |
| 地址：威海市高区初村科技新城区 1 号 | 银行及账号：威海市商业银行振兴支行 817850001421004207 |

品名及名称	规格	单位	数量	单价	金额	备注
封口机		台	1	900.00	900.00	
热水器		台	1	700.00	700.00	
制冰机		台	1	500.00	500.00	
奶昔机		台	1	300.00	300.00	
合计（大写）：人民币贰仟肆佰元整					2 400.00	

收款单位名称：威海英皇奶茶原料批发部

收款单位识别号：92371000MA3JKWAK88

威海英皇奶茶原料批发部
92371000MA3JKWAK88
发票专用章

填票人：王威　　收款人：王威

凭 2-18

威海市商业银行
WEIHAI CITY COMMERCIAL BANK

电子回单打印

交易时间：2018/12/15

交易流水：817777777GA0000647

交易类型：行外转账

付款人名称：威海威之膳品食品有限公司

付款人账号：817850001421004207

开户银行及账号：威海市商业银行振兴支行

收款人名称：王威

收款人账号：6227002232366404232

收款人开户行：中国建设银行威海分行

交易金额（小写）：2 400.00　　　手续费：0.00　　　邮电费：0.00

金额合计（大写）：贰仟肆佰元整　　　币种：人民币

备注：货款

打印次数：01

打印渠道：网上银行　　　打印时间：2018-12-15　　10:26:52

威海市商业银行
电子回单专用章

（9）20 日，发放 12 月工资。相关单据如凭 2-19～凭 2-23 所示。

凭 2-19

付款报告书

用款部门：威海威之膳品食品有限公司		2018 年 12 月 20 日		编号：002
开支内容		单据张数	金额	结算方式
工　资		4	¥8 800.00	网银
合计（大写）：人民币捌仟捌佰元整				

单位负责人：王雪龄　　　　会计主管：谭思妍　　　　出纳：崔宇　　　　经办人：王雪龄

凭 2-20

员工工资明细表

用款部门：威海威之膳品食品有限公司		2018 年 12 月 20 日		编号：002
序号	姓名	威海市商业银行卡号	金额	签字
1	王雪龄	6231020108588789	3 200.00	王雪龄
2	周颖超	6231020108588772	2 800.00	周颖超
3	刘晓君	6231020108588773	2 800.00	刘晓君
	合计		8 800.00	

单位负责人：王雪龄　　　会计主管：谭思妍　　　出纳：崔宇　　　经办人：徐筱娟

凭 2-21

威海市商业银行 WEIHAI CITY COMMERCIAL BANK　电子回单打印

交易时间：2018/12/20　　　交易流水：817777777GA0000648　　　业务验证码：5B0496A2F10F

交易类型：行外转账

付款人名称：威海威之膳品食品有限公司

付款人账号：817850001421004207

开户银行及账号：威海市商业银行振兴支行

收款人名称：王雪龄

收款人账号：6231020108588789

收款人开户行：威海市商业银行出口加工区支行

交易金额（小写）：3 200.00　　手续费：0.00　　邮电费：0.00

金额合计（大写）：叁仟贰佰元整　　　币种：人民币

备注：工资

打印次数：01

打印渠道：网上银行　　　　　打印时间：2018-12-20　　14:32:55

凭 2-22

 威海市商业银行
WEIHAI CITY COMMERCIAL BANK 电子回单打印

交易时间：2018/12/20　　交易流水：817777777WDJ0000017　　业务验证码：5B0496840DBE

交易类型：行外转账

付款人名称：威海威之膳品食品有限公司

付款人账号：817850001421004207

开户银行及账号：威海市商业银行振兴支行

收款人名称：周颖超

收款人账号：6231020108588772

收款人开户行：威海市商业银行出口加工区支行

交易金额（小写）：2 800.00　手续费：0.00　　邮电费：0.00

金额合计（大写）：贰仟捌佰元整　　币种：人民币

备注：工资

打印次数：

打印渠道：网上银行　　　　　打印时间：2018-12-20　　14:33:26

凭 2-23

 威海市商业银行
WEIHAI CITY COMMERCIAL BANK 电子回单打印

交易时间：2018/12/20　　交易流水：817777777WDJ0000023　　业务验证码：5B0496841528

交易类型：行外转账

付款人名称：威海威之膳品食品有限公司

付款人账号：817850001421004207

开户银行及账号：威海市商业银行振兴支行

收款人名称：刘晓君

收款人账号：6231020108588773

收款人开户行：威海市商业银行出口加工区支行

交易金额（小写）：2 800.00　手续费：0.00　　邮电费：0.00

金额合计（大写）：贰仟捌佰元整　　币种：人民币

备注：工资

打印次数：

打印渠道：网上银行　　　　　打印时间：2018-12-20　　14:34:58

（10）20 日，收到银行存款利息。相关单据如凭 2-24 所示。

凭 2-24

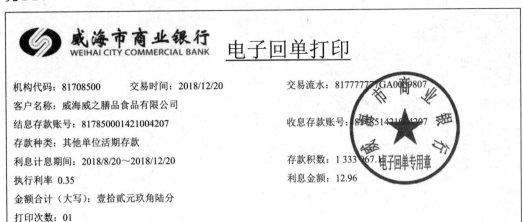

威海市商业银行
WEIHAI CITY COMMERCIAL BANK

电子回单打印

机构代码：81708500　　交易时间：2018/12/20　　　交易流水：817777777GA0009807

客户名称：威海威之膳品食品有限公司

结息存款账号：817850001421004207　　　　　　收息存款账号：8185514210 4207

存款种类：其他单位活期存款

利息计息期间：2018/8/20～2018/12/20　　　　　存款积数：1 333 967.电子回单专用章

执行利率 0.35　　　　　　　　　　　　　　　利息金额：12.96

金额合计（大写）：壹拾贰元玖角陆分

打印次数：01

打印渠道：网上银行　　　　　　　　　　打印时间：2018-12-20　　　15:50:51

（11）22 日，报销差旅费。相关单据如凭 2-25～凭 2-27 所示。

凭 2-25

付款报告书

用款部门：威海威之膳品食品有限公司　　　　2018 年 12 月 22 日　　　　　　　　　　编号：002

开支内容	单据张数	金额	结算方式
差旅费	2	￥180.00	网银
备注：上月预借 800 元			
合计（大写）：人民币壹佰捌拾元整			

单位负责人：王雪龄　　　　会计主管：谭思妍　　　　出纳：崔宇　　　　经办人：周颖超

凭 2-26

差旅费报销单

单位：威海威之膳品食品有限公司　　　填报日期：2018 年 12 月 22 日

姓名	周颖超			出差事由		参加比赛		出差日期		12 月 11 日～20 日	

起讫时间及地点						车船票		夜间乘车补助			出差补助费			住宿费	其他	
月	日	起	月	日	讫	类别	金额	时间	标准	金额	日数	标准	金额	金额	摘要	金额
12	11	威海	12	11	北京	高铁	330.00	小时			10	30	300.00		订票费	10
12	20	北京	12	20	威海	高铁	330.00	小时				转讫			行李费	10
小计							￥660.00						￥300.00			￥20.00
总计金额（大写）人民币 玖佰捌拾元整						预支 ￥800.00 元				核销＿＿＿元				（退）补 ￥180.00 元		

审核：王雪龄　　　　会计主管：谭思妍　　　　制表：徐筱娟　　　　经办人：周颖超

车票单据（略）

凭 2-27

交易时间：2018/12/22　　　交易流水：817777777GA0000648　　　业务验证码：5B0496A2F10F

交易类型：行外转账

付款人名称：威海威之膳品食品有限公司

付款人账号：817850001421004207

开户银行及账号：威海市商业银行振兴支行

收款人名称：周颖超

收款人账号：6231020108588772

收款人开户行：威海市商业银行出口加工区支行

交易金额（小写）：180.00　　手续费：0.00　　邮电费：0.00

金额合计（大写）：壹佰捌拾元整　　　　币种：人民币

备注：差旅费

打印次数：01

打印渠道：网上银行　　　　　　　　　打印时间：2018-12-22　　16:21:55

（12）23 日，收到 8 位老师工会发放的生日蛋糕票，转收入（8 张×50 元/张=400 元）。相关单据如凭 2-28 所示。

凭 2-28

（共八张）

（13）12 月 1～31 日销售日报汇总表如下（每日销售日报表略），相关单据如凭 2-29～凭 2-31 所示。

凭 2-29

销售日报表（汇总）

单位：威海威之膳品食品有限公司　　　　　　　　　　　　开票日期：2018 年 12 月 1～31 日

序号	产品名称	单位	数量	单价/元	金额/元
1	蛋糕	个	180	88	15 840.00
2	蛋挞	盒	240	8	1 920.00
3	面包	袋	280	18	5 040.00
4	饼干	包	210	10	2 100.00
5	咖啡	杯	50	8	400.00
6	奶茶	杯	440	5	2 200.00
7	果汁	杯	160	8	1 280.00
8	热水	杯	163	1	163.00
	合计				28 943.00

单位负责人：王雪龄　　　　会计主管：谭思妍　　　　审核人：徐筱娟　　　　制单人：刘晓君

凭 2-30

一卡通收款明细表（12月）

单位：元

日期	金额
1	89.00
3	72.00
4	24.00
7	61.00
8	83.00
10	63.00
13	90.00
14	28.00
15	72.00
16	50.00
17	31.00
18	36.00
19	16.00
20	48.00
21	10.00
22	27.00
25	40.00
26	22.00
30	46.00
31	21.00
合计	929.00

凭 2-31

		本期交易资金						
结算日期	历史未结算余额	交易金额	手续费	交易结算净额	本期应结算金额	本期划付金额	本期未结算余额	本期暂缓结算余额
2018.12.01	0.00	832.70	2.89	829.81	829.81	829.81	0.00	0.00
2018.12.04	0.00	1 606.80	4.99	1 601.81	1 601.81	0.00	1 601.81	0.00
2018.12.05	1 601.81	426.50	1.33	425.17	2 026.98	0.00	2 026.98	0.00
2018.12.06	2 026.98	400.50	1.24	399.26	2 426.24	2 426.24	0.00	0.00
2018.12.07	0.00	1 246.00	3.50	1 242.50	1 242.50	1 242.50	0.00	0.00
2018.12.08	0.00	667.12	4.67	662.45	662.45	662.45	0.00	0.00
2018.12.11	0.00	1 559.00	4.73	1 554.27	1 554.27	1 554.27	0.00	0.00
2018.12.12	0.00	3 326.50	10.13	3 316.37	3 316.37	3 316.37	0.00	0.00
2018.12.13	0.00	3 637.60	11.19	3 626.41	3 626.41	0.00	3 626.41	0.00
2018.12.14	3 626.41	1 968.80	5.92	1 962.88	5 589.29	0.00	5 589.29	0.00
2018.12.15	5 589.29	963.80	2.94	960.86	6 550.15	6 550.15	0.00	0.00
2018.12.18	0.00	1 033.00	3.17	1 029.83	1 029.83	1 029.83	0.00	0.00
2018.12.19	0.00	1 388.40	4.29	1 384.11	1 384.11	1 384.11	0.00	0.00
2018.12.20	0.00	1 407.00	4.33	1 402.67	1 402.67	1 402.67	0.00	0.00
2018.12.21	0.00	1 461.40	4.45	1 456.95	1 456.95	1 456.95	0.00	0.00
2018.12.22	0.00	1 560.00	4.81	1 555.19	1 555.19	0.00	1 555.19	0.00
2018.12.25	1 555.19	1 170.50	3.60	1 166.90	2 722.09	0.00	2 722.09	0.00
2018.12.26	2 722.09	790.00	2.45	787.55	3 509.64	3 509.64	0.00	0.00
2018.12.27	0.00	363.40	3.95	359.45	359.45	359.45	0.00	0.00
2018.12.29	0.00	971.6	2.34	969.26	969.26	969.26	0.00	0.00
2018.12.31	0.00	1 233.38	4.08	1 229.30	1 229.30	1 229.30	0.00	0.00
总计		28 014.03	91	27 923.03		27 923.03		

商户名称：威海威之膳品食品有限责任公司

结算日期：2018 年 12 月 01 日 到 2018 年 12 月 31 日

（14）31 日，按银商转款明细表及网银转账单收款。相关单据如凭 2-32、凭 2-33 所示。
（以 12 月 1 日电子回单为例，共 15 张单据，交易金额 28 014 元，手续费 91 元，实收 27 923 元。）

凭 2-32

电子回单打印

机构代码：817018500	交易时间：2018/12/01　　交易流水：817777777GA0000648
汇划渠道：小额支付	业务类型：普通汇兑　　业务种类：普通汇兑
账务日期：2018/12/01	业务顺序号：05897254　　业务验证码：5B049683C355
付款人账号：10010812290006644228	付款人名称：银联商务有限公司客户备付金
发起行行号：102290028123	发起行行名：中国工商银行股份有限公司上海浦东开发区支行
收款人账号：817850001421004207	收款人名称：威海威之膳品食品有限公司
接收行行号：313465000411	接收行行名：威海市商业银行振兴支行
汇划金额（小写）：829.81	汇划金额（大写）人民币　捌佰贰拾玖元捌角壹分
凭证号码：	附言：0103-0103 费 2.89
维护入账账号：81785000142100420768	
维护入账户名：威海威之膳品食品有限公司	
维护入账日期：2018/12/01	维护入账方式：已自动处理
打印次数：01	
打印渠道：网上银行	打印时间：2018-12-01　　11:13:55

凭 2-33

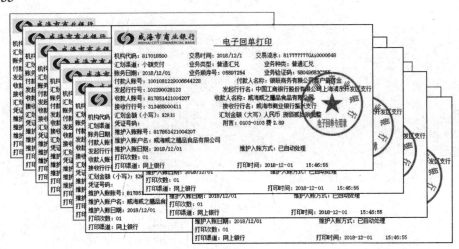

（15）31 日，收到学院一卡通结算中心转款。相关单据如凭 2-34 所示。

凭2-34

威海市商业银行
WEIHAI CITY COMMERCIAL BANK

电子回单打印

机构代码：817018500	交易时间：2018/12/31	交易流水：817777777GA0000053
汇划渠道：小额支付	业务类型：普通汇兑	业务种类：普通汇兑
账务日期：2018/12/31	业务顺序号：05897294	业务验证码：5B049683C355
汇划日期：2018/12/31	报文标识号：2018103114951023	明细标识号 2018123124196097

付款人账号：15561401040002157　　付款人名称：威海高职学院
发起行行号：103465056143　　发起行行名：中国农业银行股份有限公司威海初村分理处
收款人账号：817850001421004207　　收款人名称：威海威之膳品食品有限公司
接收行行号：313465000411　　接收行行名：威海市商业银行振兴支行
汇划金额（小写）：929.00　　汇划金额（大写）人民币 玖佰贰拾玖圆
凭证号码：　　附言：12月威之膳品收入
维护入账账号：817850001421004207
维护入账户名：威海威之膳品食品有限公司
维护入账日期：2018/12/31　　维护入账方式：已自动处理
打印次数：01
打印渠道：网上银行　　打印时间：2018-12-31　　15:33:55

（16）31日，计提本月固定资产折旧。相关单据如凭2-35所示。

凭2-35

固定资产折旧计提计算表（12月）

单位：元

项目	原值	期初折旧金额	本期计提	期末折旧金额
机器设备	24 000.00	194.00	194.00	388.00
办公设备	2 700.00	72.75	72.75	145.50
合计	26 700.00	266.75	266.75	533.50

单位负责人：王雪龄　　会计主管：谭思妍　　制表人：徐筱娟

（17）31日，摊销长期待摊费用装修支出240元。相关单据如凭2-36所示。

凭2-36

长期待摊费用计算表（12月）

单位：元

项目	原值	期初金额	本期摊销	期末金额
店铺装修支出	28 800.00	28 560.00	240.00	28 320.00

单位负责人：王雪龄　　会计主管：谭思妍　　制表人：徐筱娟

（18）31日，本月领用周转材料一次性摊销。相关单据如凭2-37所示。

凭2-37

周转材料摊销明细表（12月）

项目	数量	期末金额/元
封口机	1	900.00
热水器	1	900.00
制冰机	4	500.00
奶昔机	1	300.00
合计		2 600.00

单位负责人：王雪龄　　会计主管：谭思妍　　制表人：徐筱娟

（19）31 日，分配本月工资费用。相关单据如凭 2-38 所示。

凭 2-38

威之膳品员工工资分配表

用款部门：威海威之膳品食品有限公司　　　　2018 年 12 月 31 日

序号	姓名	金额/元
1	王雪龄	3 200.00
2	周颖超	2 800.00
3	刘晓君	2 800.00
合计		8 800.00

单位负责人：王雪龄　　　　会计主管：谭思妍　　　　出纳：崔宇　　　　经办人：徐筱娟

（20）31 日，采购材料一批，月末发票未到，暂估入库。相关单据如凭 2-39 所示。

凭 2-39

收　料　单

发票号码：

供应单位：嘉乐集团股份有限公司　　　　　　　　　　　　　　收料单编号：00173637

材料类别：B　　　　　　　　2018 年 12 月 31 日　　　　　　　收料仓库：材料库

编号	名称	规格	单位	数量		实际成本				
				应收	实收	买价		运杂费	其他	合计
						单价	金额			
B1	奶油		箱	12	12	370.00	4 440.00			4 440.00
	B2 面粉		袋	5	5	128.00	640.00			640.00
	B4 辅料		箱	10	10	12.00	120.00			120.00
合计							5 200.00			5 200.00

②会计记账联

主管：王雪龄　　　　检验员：周颖超　　　　保管员：刘晓君　　　　制单：徐筱娟

（21）31 日，月末盘点库存材料，按"实地盘点制"，相关单据如凭 2-40 所示。计算 12 月材料成本计算表（凭 2-41），并结转成本。

凭 2-40

12月材料盘点表

品名	单位	盘点数量
A1 奶茶粉	包	20
A2 果汁粉	包	4
A3 果酱	包	16
A4 咖啡粉	包	2
B1 奶油	箱	6
B2 面粉	袋	3
B3 鸡蛋	筐	8
B4 辅料	箱	10
合计		

单位负责人：王雪龄　　　　会计主管：谭思妍　　　　盘点人：刘晓君

凭 2-41

12月材料成本计算表

品名	单位	期初结存			暂估冲回		本期入库		期末暂估		本期出库		期末结存		
		数量	单价	金额	数量	金额	数量	金额	数量	金额	数量	金额	数量	单价	金额
A1 奶茶粉	包	25	22.00	550.00									20	20.60	412.00
A2 果汁粉	包	5	30.00	150.00									4	30.00	120.00
A3 果酱	包	6	49.00	294.00									16	51.50	824.00
A4 咖啡粉	包	6	40.00	240.00									2	40.00	80.00
B1 奶油	箱	10	410.00	4 100.00									6	370.00	2 220.00
B2 面粉	袋	11	120.00	1 320.00									3	128.00	384.00
B3 鸡蛋	筐	2	170.00	340.00									8	166.50	1 332.00
B4 辅料	箱	50	16.00	800.00									10	12.00	120.00
合计				7 794.00											5 492.00

单位负责人：王雪龄　　　会计主管：谭思妍　　　制单人：徐筱娟

　　原材料采用先进先出法，盘点材料单价取最后一次的入库单价。

（22）31 日，计算本月应交增值税税额，判断是否享受税收优惠，并作出会计处理。

（23）31 日，结转本月损益类账户。填写损益类账户结转表（凭 2-42）。

凭 2-42

损益类账户结转表

2018 年 12 月 31 日　　　　　　　　　　　　单位：元

科目名称	借方发生额	贷方发生额
主营业务收入		
主营业务成本		
销售费用		
管理费用		
财务费用		
营业外收入		
合计		

单位负责人：王雪龄　　　会计主管：谭思妍　　　制单人：徐筱娟

（24）31 日，计算并结转本年度"所得税费用"，判断是否享受小微企业税收优惠，并作出会计处理。

（25）31 日，结转"本年利润"，编制资产负债表（表 2-4）和利润表（表 2-5）。

表2-4 资产负债表

会企 01 表

编制单位：　　　　　　　　　　　年　月　日　　　　　　　　　　　单位：元

资产	期末余额	年初余额	负债和所有者权益	期末余额	年初余额
流动资产：			流动负债：		
货币资金			短期借款		
短期投资			应付票据		
应收票据			应付账款		
应收账款			预收账款		
预付账款			应付职工薪酬		
应收股利			应交税费		
应收利息			应付利息		
其他应收款			应付利润		
存货			其他应付款		
其中：原材料			其他流动负债		
在产品			流动负债合计		
库存商品			非流动负债：		
周转材料					
其他流动资产			长期借款		
流动资产合计			长期应付款		
非流动资产：			递延收益		
长期债券投资			其他非流动负债		
长期股权投资			非流动负债合计		
固定资产原价			负债合计		
减：累计折旧					
固定资产账面价值					
在建工程					
工程物资					
固定资产清理					
生产性生物资产			所有者权益：		
无形资产			实收资本		
开发支出			资本公积		
长期待摊费用			盈余公积		
其他非流动资产			未分配利润		
非流动资产合计			所有者权益合计		
资产总计			负债和所有者权益总计		

表2-5　利润表

会企 02 表

编制单位：　　　　　　　　　　年　　月　　　　　　　　　　　单位：元

项目	本年累计金额	本月金额
一、营业收入		
减：营业成本		
税金及附加		
其中：消费税		
城市维护建设税		
资源税		
土地增值税		
城镇土地使用税、房产税、车船税、印花税		
教育费附加、矿产资源补偿费、排污费		
销售费用		
其中：商品维修费		
广告费和业务宣传费		
管理费用		
其中：开办费		
业务招待费		
研究费用		
财务费用		
其中：利息费用（收入以"－"号填列）		
加：投资收益（损失以"－"号填列）		
二、营业利润（亏损以"－"号填列）		
加：营业外收入		
其中：政府补助		
减：营业外支出		
其中：坏账损失		
无法收回的长期债券投资损失		
无法收回的长期股权投资损失		
自然灾害等不可抗力因素造成的损失		
税收滞纳金		
三、利润总额（亏损总额以"－"号填列）		
减：所得税费用		
四、净利润（净亏损以"－"号填列）		

注：本表"本年累计金额"栏反映各项目自年初起至报告期末止的累计实际发生额；本表"本月金额"栏反映各项目的本月实际发生额。在编报年度财务报表时，应将"本月金额"栏改为"上年金额"栏，填列上年全年实际发生额。

实训三

商品零售企业会计核算

实训目的

　　本实训以威海鸿升超市有限公司的日常零售业为载体,通过对零售企业基本交易事项进行会计处理,要求学生掌握存货的进销存核算及部分票据的填写方法。

　　通过实训,学生可以巩固已学到的基础会计理论知识,了解零售企业的主要经济业务内容,帮助学生在学习理论知识的同时掌握实践业务的操作。

实训目标

- 掌握商品进销存的核算。
- 能够正确地填写票据。

实训描述

■ 实训知识准备

初步学习了基础会计、财经法规、税法、成本会计等基本理论知识。

■ 实训材料准备

（1）通用记账凭证、科目汇总表。

（2）现金日记账、银行存款日记账、三栏式明细账、数量金额式明细账、多栏式明细账、总账。

（3）记账凭证封面、明细账账簿封面、会计报表。

（4）红色碳素笔、黑色碳素笔、凭证装订机、图章、口取纸、尺子、剪刀、胶水、针、线绳等。

■ 实训工作要求

（1）建立企业账簿,并根据期初资料登记各账簿期初余额。

（2）根据业务资料填制部分原始凭证,并在制单人处签章。

（3）分析原始凭证并据以编制通用记账凭证;审核记账凭证,并在审核人处签章。

　　填制凭证说明:记账凭证的制单人、审核人处需签章;编制记账凭证必须填制相关会计科目的明细科目;填制记账凭证时资料中未给出的内容可以不填。

（4）根据经审核的记账凭证、原始凭证登记各类账簿。

（5）对建立的账簿月结账。

（6）编制资产负债表，只须登记期末余额。

（7）编制年度利润表，只须登记本月金额。

（8）根据编制的会计报表按要求计算财务指标，列出公式，计算结果百分数，保留小数点后两位。

（9）整理、装订会计凭证和会计资料。

实训内容

（一）企业基本情况

企业名称：威海鸿升超市有限公司。

法人代表：张云。

注册资本：50 万元人民币。

企业类型：有限责任公司。

开户银行：中国建设银行威海分行初村支行。

银行账号：37050170670800000001。

纳税人识别号：371002123456789051。

联系电话：0631-5268001。

公司注册地址：威海市高区初村北海新城。

公司经营范围：威海鸿升超市有限公司是一个校园超市，主要以食品类、非食品类及生鲜类等产品的零售为主。

（二）会计岗位分工

（1）出纳人员：赵羽——根据收付款业务资料，手工签发转账支票、填制进账单的核心事项；登记银行存款日记账。

（2）总账会计：李娜——根据业务提供的资料，填制相关原始凭证，编制记账凭证，登记各分类账。

（3）会计主管：王琦——审核相关会计凭证并签章，编制会计报表和计算财务指标。

（三）企业会计政策简介

（1）公司执行《小企业会计准则》，目前为增值税一般纳税人。

（2）公司以人民币为记账本位币，采用科目汇总账务处理程序登记总分类账。

（3）存货购进商品按实际成本计价，发出商品成本的计价方法采用先进先出法。月末已入库未取得发票的商品需暂估入库，并于下月初冲回。

（4）存货盘点采用实地盘存制。

（5）固定资产折旧采用平均直线法，残值率为5%，预计使用年限：房屋及机器设备10年，办公电子设备3年。

（6）公司定期对各项资产进行盘点，按照管理权限经批准后处理。

（7）公司适用税率：

① 公司增值税税率为16%[《财政部 税务总局关于调整增值税税率的通知》(财税〔2018〕32号)]。

② 城市维护建设税税率为7%，教育费附加税率为3%，地方教育费附加税率为2%，地方水利建设基金为0.5%。[《财政部 国家税务总局关于扩大有关政府性基金免征范围的通知》(财税〔2016〕12号)]。

③ 公司代扣代缴个人所得税，在工资表中单独列示"代扣个人所得"项目。

④ 公司所得税税率为20%，假定本年无纳税调整事项。根据(财税〔2018〕77号)小型微利企业所得税优惠政策有关征管规定，公司按规定可以享受小微企业税收优惠(年应纳税所得额≤100万元，税率20%，应纳税所得额减按50%)。

（四）期初资料

（1）威海鸿升超市有限公司2018年5月31日期末账户余额如表3-1所示。

表3-1　期末账户余额表

单位：元

账户名称		期初余额	
会计科目	明细科目	借方	贷方
银行存款	建设银行	470 425.53	
库存商品	食品类	369 493.36	
	非食品类	70 356.78	
	生鲜类	50 500.95	
应收账款	备用金（微信、支付宝）	142 834.21	
	A公司	300 000.00	
	一卡通中心	40 977.00	
固定资产	货架	7 000.00	
	电脑	9 000.00	
	升降梯	148 000.00	
	空调	10 500.00	
	冷柜	16 400.00	
累计折旧			3 901.83
其他应付款	张云		2 458.00
应付账款	暂估应付款		732 341.00
	威海乐嘉超市有限公司		300 000.00
应付职工薪酬	工资		22 680.00
实收资本			500 000.00
本年利润			74 107.00
	合计	1 635 487.83	1 635 487.83

（2）威海鸿升超市有限公司 2018 年 4～5 月损益类账户发生额如表 3-2 所示。

表3-2　损益类账户发生额表

单位：元

会计科目	借方发生额	贷方发生额
主营业务收入		388 152.94
其他业务收入		784.50
营业外收入		451.00
税金及附加	2 045.62	
主营业务成本	263 766.58	
销售费用	30 960.00	
管理费用	17 326.00	
财务费用	1 183.24	

（五）业务资料（含原始单据）

2018 年 6 月，公司发生如下经济业务：

（1）6 月 1 日，支付上月威海乐嘉超市有限公司货款（填写报销单支付货款）。报销清单如凭 3-1、凭 3-2 所示。

凭 3-1

_____费报销清单

使用单位：_____　　　　　　　　　　　　　　　　　报销日期：　年　月　日

原始单据贴后	用途	报销数		财务科审核意见
		单据张数	金额	
	金额合计（大写）		（小写）¥	课题
	付讫记录：现金：　　　银行：　　　转账：			审核盖章

单位负责人：　　　　保管验收或证明：　　　　　经报人：

凭 3-2

中国建设银行　　　　　　**中国建设银行单位客户专用回单**

China Construction Bank

币别：人民币　　　　　　2018 年 06 月 01 日　　　　　流水号：略

付款人	全称	威海鸿升超市有限公司	收款人	全称	威海乐嘉超市有限公司
	账户	37050170670800000001		账户	37001706708050000233
	开户行	中国建设银行威海分行初村支行		开户行	中国建设银行股份有限公司威海分行
金额	（大写）叁拾万元整		（小写）¥300 000.00		
凭证种类	电子转账凭证		凭证号码	略	
结算方式	转账		用途	货款	

借方回单

电子回单专用章

（2）6月1日，发放5月份工资（填写报销单，通过网银转账发放工资）。相关单据如凭3-3～凭3-17所示。

凭3-3

威海鸿升超市有限公司5月份员工工资表

2018 年 05 月 31 日

序号	姓名	部门	工作天数	应发金额	应扣金额				实发金额
					请假栏		出差错		
					天数	扣款	收银误差	其他	
1	张云	办公室	22	3 500.00					3 500.00
2	李娜	办公室	22	3 000.00					3 000.00
3	王琦	办公室	22	2 800.00					2 800.00
4	赵羽	办公室	22	2 500.00					2 500.00
5	赵倩倩	收银	20	1 680.00					1 680.00
6	侯翠	酒水	20	1 680.00					1 680.00
7	葛静	微机员	16	1 280.00					1 280.00
8	闫平	糕点	16	1 280.00					1 280.00
9	李敏	日配	16	1 280.00					1 280.00
10	苗慧宇	非食	16	1 280.00					1 280.00
11	魏钰	生鲜	11	880.00					880.00
12	王宇	收银	11	880.00					880.00
13	梁强	日配	8	640.00					640.00
合计				人民币贰万贰仟陆佰捌拾元整					22 680.00

制表人：赵羽

凭3-4

_____费报销清单

使用单位：_____　　　　　　　　　　　报销日期：　年　月　日

	用途	报销数		财务科审核意见
		单据张数	金额	
原始单据贴后				
	金额合计：（大写）	（小写）¥		课题
	付讫记录：现金：　　　银行：　　　转账：			审核盖章

单位负责人：　　　　　保管验收或证明：　　　　　　　经报人：

凭 3-5

中国建设银行　　　　　　　　**中国建设银行单位客户专用回单**
China Construction Bank
币别：人民币　　　　　　　2018 年 06 月 01 日　　　　　　流水号：略

付款人	全称	威海鸿升超市有限公司	收款人	全称	张云
	账户	37050170670800000001		账户	6217002230008888001
	开户行	中国建设银行威海分行初村支行		开户行	中国建设银行威海分行
金额	（大写）叁仟伍佰元整			（小写）¥3 500.00	
凭证种类	电子转账凭证		凭证号码	略	
结算方式	转账		用途	工资	

借方回单

凭 3-6

中国建设银行　　　　　　　　**中国建设银行单位客户专用回单**
China Construction Bank
币别：人民币　　　　　　　2018 年 06 月 01 日　　　　　　流水号：略

付款人	全称	威海鸿升超市有限公司	收款人	全称	李娜
	账户	37050170670800000001		账户	6217002230008888002
	开户行	中国建设银行威海分行初村支行		开户行	中国建设银行威海分行
金额	（大写）叁仟元整			（小写）¥3 000.00	
凭证种类	电子转账凭证		凭证号码	略	
结算方式	转账		用途	工资	

借方回单

凭 3-7

中国建设银行　　　　　　　　**中国建设银行单位客户专用回单**
China Construction Bank
币别：人民币　　　　　　　2018 年 06 月 01 日　　　　　　流水号：略

付款人	全称	威海鸿升超市有限公司	收款人	全称	王琦
	账户	37050170670800000001		账户	6217002230008888003
	开户行	中国建设银行威海分行初村支行		开户行	中国建设银行威海分行
金额	（大写）贰仟捌佰元整			（小写）¥2 800.00	
凭证种类	电子转账凭证		凭证号码	略	
结算方式	转账		用途	工资	

借方回单

凭 3-8

中国建设银行　　　　　　　　　中国建设银行单位客户专用回单

China Construction Bank

币别：人民币　　　　　　　　2018 年 06 月 01 日　　　　　流水号：略

付款人	全称	威海鸿升超市有限公司	收款人	全称	赵羽
	账户	37050170670800000001		账户	6217002230008888004
	开户行	中国建设银行威海分行初村支行		开户行	中国建设银行威海分行
金额		（大写）贰仟伍佰元整		（小写）¥2 500.00	
凭证种类		电子转账凭证	凭证号码	略	
结算方式		转账	用途	工资	

借方回单

凭 3-9

中国建设银行　　　　　　　　　中国建设银行单位客户专用回单

China Construction Bank

币别：人民币　　　　　　　　2018 年 06 月 01 日　　　　　流水号：略

付款人	全称	威海鸿升超市有限公司	收款人	全称	赵倩倩
	账户	37050170670800000001		账户	6217002230008888005
	开户行	中国建设银行威海分行初村支行		开户行	中国建设银行威海分行
金额		（大写）壹仟陆佰捌拾元整		（小写）¥1 680.00	
凭证种类		电子转账凭证	凭证号码	略	
结算方式		转账	用途	工资	

借方回单

凭 3-10

中国建设银行　　　　　　　　　中国建设银行单位客户专用回单

China Construction Bank

币别：人民币　　　　　　　　2018 年 06 月 01 日　　　　　流水号：略

付款人	全称	威海鸿升超市有限公司	收款人	全称	侯翠
	账户	37050170670800000001		账户	6217002230008888006
	开户行	中国建设银行威海分行初村支行		开户行	中国建设银行威海分行
金额		（大写）壹仟陆佰捌拾元整		（小写）¥1 680.00	
凭证种类		电子转账凭证	凭证号码	略	
结算方式		转账	用途	工资	

借方回单

凭 3-11

中国建设银行　　　　　　　　中国建设银行单位客户专用回单
China Construction Bank
币别：人民币　　　　　　　　2018 年 06 月 01 日　　　　　　流水号：略

付款人	全称	威海鸿升超市有限公司	收款人	全称	葛静
	账户	37050170670800000001		账户	6217002230008888007
	开户行	中国建设银行威海分行初村支行		开户行	中国建设银行威海分行
金额	（大写）壹仟贰佰捌拾元整			（小写）¥1 280.00	
凭证种类	电子转账凭证		凭证号码	略	
结算方式	转账		用途	工资	

借方回单

凭 3-12

中国建设银行　　　　　　　　中国建设银行单位客户专用回单
China Construction Bank
币别：人民币　　　　　　　　2018 年 06 月 01 日　　　　　　流水号：略

付款人	全称	威海鸿升超市有限公司	收款人	全称	闫平
	账户	37050170670800000001		账户	6217002230008888008
	开户行	中国建设银行威海分行初村支行		开户行	中国建设银行威海分行
金额	（大写）壹仟贰佰捌拾元整			（小写）¥1 280.00	
凭证种类	电子转账凭证		凭证号码	略	
结算方式	转账		用途	工资	

借方回单

凭 3-13

中国建设银行　　　　　　　　中国建设银行单位客户专用回单
China Construction Bank
币别：人民币　　　　　　　　2018 年 06 月 01 日　　　　　　流水号：略

付款人	全称	威海鸿升超市有限公司	收款人	全称	李敏
	账户	37050170670800000001		账户	6217002230008888009
	开户行	中国建设银行威海分行初村支行		开户行	中国建设银行威海分行
金额	（大写）壹仟贰佰捌拾元整			（小写）¥1 280.00	
凭证种类	电子转账凭证		凭证号码	略	
结算方式	转账		用途	工资	

借方回单

凭 3-14

中国建设银行　　　　　　　　　中国建设银行单位客户专用回单
China Construction Bank

币别：人民币　　　　　　　　2018 年 06 月 01 日　　　　　流水号：略

付款人	全称	威海鸿升超市有限公司	收款人	全称	苗慧宇
	账户	37050170670800000001		账户	6217002230008888010
	开户行	中国建设银行威海分行初村支行		开户行	中国建设银行威海分行
金额	（大写）壹仟贰佰捌拾元整			（小写）¥1 280.00	
凭证种类	电子转账凭证		凭证号码	略	
结算方式	转账		用途	工资	

借方回单

凭 3-15

中国建设银行　　　　　　　　　中国建设银行单位客户专用回单
China Construction Bank

币别：人民币　　　　　　　　2018 年 06 月 01 日　　　　　流水号：略

付款人	全称	威海鸿升超市有限公司	收款人	全称	魏钰
	账户	37050170670800000001		账户	6217002230008888011
	开户行	中国建设银行威海分行初村支行		开户行	中国建设银行威海分行
金额	（大写）捌佰捌拾元整			（小写）¥880.00	
凭证种类	电子转账凭证		凭证号码	略	
结算方式	转账		用途	工资	

借方回单

凭 3-16

中国建设银行　　　　　　　　　中国建设银行单位客户专用回单
China Construction Bank

币别：人民币　　　　　　　　2018 年 06 月 01 日　　　　　流水号：略

付款人	全称	威海鸿升超市有限公司	收款人	全称	王宇
	账户	37050170670800000001		账户	6217002230008888012
	开户行	中国建设银行威海分行初村支行		开户行	中国建设银行威海分行
金额	（大写）捌佰捌拾元整			（小写）¥880.00	
凭证种类	电子转账凭证		凭证号码	略	
结算方式	转账		用途	工资	

借方回单

凭 3-17

中国建设银行
China Construction Bank

中国建设银行单位客户专用回单

币别：人民币　　　　　　　2018 年 06 月 01 日　　　　　　　流水号：略

付款人	全称	威海鸿升超市有限公司	收款人	全称	梁强	
	账户	37050170670800000001		账户	6217002230008888013	借方回单
	开户行	中国建设银行威海分行初村支行		开户行	中国建设银行威海分行	
金额	（大写）陆佰肆拾元整			（小写）¥640.00		
凭证种类	电子转账凭证		凭证号码	略		
结算方式	转账		用途	工资		

（中国建设银行 电子回单 专用章）

（3）6 月 5 日，采购办公用品（填写报销清单和转账支票，支付采购款）。相关单据如凭 3-18～凭 3-26 所示。

凭 3-18

_____费报销清单

使用单位：_____　　　　　　　　　　　　报销日期：　年　月　日

	用途	报销数		财务科审核意见
		单据张数	金额	
原始单据贴后				
	金额合计：（大写）	（小写）¥		课题
	付讫记录：现金：　　银行：　　转账：			审核盖章

单位负责人：　　　　　保管验收或证明：　　　　　经报人：

凭 3-19

中国建设银行 现金支票存根 ZD0000001	本支票付款期限十天	中国建设银行转账支票　　ZD0000001
附加信息		出票日期（大写）　年　月　日　付款行名称：
		收款人：　　　　　　　　　出票人账号：
_____		人民币（大写）　　　亿 千 百 十 万 千 百 十 元 角 分
出票日期　年　月　日		
收款人：		用途
金额：		上列款项请从
用途：		我账户内支付
单位主管　　会计		出票人签章　　　　　　　复核　　记账

凭 3-20

凭 3-21

凭 3-22

凭 3-23

凭 3-24

凭 3-25

凭 3-26

收　据

12060051

客户名称：威海鸿升超市有限公司　　　　2018 年 06 月 05 日

品名	单位	数量	单价	金额	备注
拖把	把	5	40.00	200.00	
发票纸	卷	50	3.20	160.00	
托盘	个	10	14.00	140.00	
垃圾袋	个	20	2.00	40.00	
合计（大写）：（人民币）伍佰肆拾元整				（小写）¥540.00	

填票人：略　　　　　　收款人：略　　　　　　单位名称（盖章）

（4）6 月 8 日，支付手续费。相关单据如凭 3-27 所示。

凭 3-27

中国建设银行　　　　　**中国建设银行单位客户专用回单**

China Construction Bank

币别：人民币　　　　　　2018 年 06 月 08 日　　　　　　流水号：略

户名：威海鸿升超市有限公司	账号：37050170670800000001	
项目名称	工本费/转账汇款/手续费	金额
手续费	2.00	2.00
合计（大写）：贰元整	（小写）¥2.00	

付款方式：转账

业务类型：收费项目：对公人民币转账、汇款（含退汇）

摘要：手续费

（5）6 月 10 日，收到 A 公司转账。相关单据如凭 3-28、凭 3-29 所示。

凭 3-28

收款收据

2018 年 06 月 10 日　　　　　　编号：0000021

交款单位	A 公司	
金额	（大写）人民币叁拾万元整	（小写）¥300 000.00
事由	A 公司货款	

收款单位（章）　　　　　　收款人：赵羽　　　　　　交款人：

凭 3-29

中国建设银行 　　　　　　　中国建设银行单位客户专用回单

China Construction Bank

币别：人民币　　　　　　　　　2018 年 06 月 10 日　　　　　　流水号：略

付款人	全称	A 公司	收款人	全称	威海鸿升超市有限公司	借方回单
	账户	15561401040000123		账户	37050170670800000001	
	开户行	中国农业银行威海分行初村分理处		开户行	中国建设银行威海分行初村支行	
金额		（大写）叁拾万元整		（小写）￥300 000.00		
凭证种类		电汇凭证	凭证号码		略	
结算方式		转账	用途		A 公司货款	

（6）6 月 10 日，收到一卡通中心打款。相关单据如凭 3-30、凭 3-31 所示。

凭 3-30

收款收据

2018 年 06 月 10 日　　　　　　　　　编号：0000022

交款单位		一卡通中心	二收据
金额	（大写）人民币肆万零玖佰柒拾柒元整	（小写）￥40 977.00	
事由	一卡通中心收入		

收款单位（章）　　　　　　　收款人：赵羽　　　　　　交款人：

凭 3-31

中国建设银行 　　　　　　　中国建设银行单位客户专用回单

China Construction Bank

币别：人民币　　　　　　　　　2018 年 06 月 10 日　　　　　　流水号：略

付款人	全称	一卡通中心	收款人	全称	威海鸿升超市有限公司	借方回单
	账户	15561401040001257		账户	37050170670800000001	
	开户行	中国农业银行威海分行		开户行	中国建设银行威海分行初村支行	
金额		（大写）肆万零玖佰柒拾柒元整		（小写）￥40 977.00		
凭证种类		电汇凭证	凭证号码		略	
结算方式		转账	用途		11 月商户收入	

（7）6 月 13 日，支付短信服务费、企业网银服务费。相关单据如凭 3-32、凭 3-33 所示。

凭 3-32

中国建设银行　　　　　　　　　**中国建设银行单位客户专用回单**
China Construction Bank

币别：人民币　　　　　　　　　2018 年 06 月 13 日　　　　　　　流水号：略

户名：威海鸿升超市有限公司		账号：37050170670800000001	
	项目名称	工本费/转账汇款/手续费	金额
	短信服务费	120.00	120.00
合计金额	（大写）壹佰贰拾元整		（小写）¥ 120.00
付款方式：转账 业务类型：短信服务费 摘要：短信服务费			

凭 3-33

中国建设银行　　　　　　　　　**中国建设银行单位客户专用回单**
China Construction Bank

币别：人民币　　　　　　　　　2018 年 06 月 13 日　　　　　　　流水号：略

户名：威海鸿升超市有限公司		账号：37050170670800000001	
	项目名称	工本费/转账汇款/手续费	金额
	企业网银服务费	360.00	360.00
合计金额	（大写）叁佰陆拾元整		（小写）¥ 360.00
付款方式：转账 业务类型：企业网银高级版 摘要：企业网银服务费			

（8）6月14日，采购办公用品（填写报销清单和转账支票，支付采购款）。相关单据如凭 3-34～凭 3-36 所示。

凭 3-34

_____费报销清单

使用单位：_____　　　　　　　　　　　　　　　　报销日期：　　年　　月　　日

用途	报销数		财务科审核意见
	单据张数	金额	
原 始 单 据 贴 后			
金额合计：（大写）　　　　　　　　　　　（小写）¥			课题
付讫记录：　　现金：　　　　银行：　　　　转账：			审核 盖章

单位负责人：　　　　　保管验收或证明：　　　　　　经报人：

凭 3-35

| 中国建设银行
现金支票存根
ZD0000001
附加信息 _____
_____
出票日期　　年　月　日
收款人：
金额：
用途：
单位主管　　会计 | 本
支
票
付
款
期
限
十
天 | ◆ 中 国 建 设 银 行 转 账 支 票　　　ZD0000001 |

凭 3-36

山东增税普通发票

发票联

国家税务局监制

№ 00960060

开票日期：2018 年 06 月 14 日

| 购货单位 | 名　称： 威海鸿升超市有限公司 |
| 纳税人识别号： 371002123456789051 |
| 地址、电话： 威海市高区初村北海新城　0631-5268001 |
| 开户银行及账号： 中国建设银行威海分行初村支行　37050170670800000001 |

密码区　略

货物或应税劳务、服务名称	规格型号	单位	数量	单价	金额	税率	税额
文件夹		个	10	5.00	50.00	3%	1.50
档案袋		个	100	1.00	100.00	3%	3.00
A4 打印纸		箱	5	268.00	1 340.00	3%	40.20
合计					¥1 490.00		¥44.70

价税合计（大写）　壹仟伍佰叁拾肆元柒角整　（小写）¥1 534.70

| 销货单位 | 名　称： 威海幻樱办公用品有限公司 |
| 纳税人识别号： 91371000133397725Y |
| 地址、电话： 威海市青岛中路　0631-1234567 |
| 开户行及账号： 中国工商银行威海分行　2700112345678900101 |

威海幻樱办公用品有限公司
91371000133397725Y
发票专用章

收款人：李丽　　复核：刘宁　　开票人：李丽　　销货单位：（章）

第二联：发票联 购货方记账凭证

（9）6 月 15 日，冲销上月暂估入库。相关单据如凭 3-37 所示。

凭 3-37

威海鸿升超市有限公司暂估入库明细

单位：元

序号	品类	金额
1	酒	6 247.62
2	饮料	27 339.71
3	冲调	21 986.28
4	糕点	50 810.44
5	糖果	116 040.67
6	干海产	1 972.02
7	面包	2 412.25
8	调味	787.81
9	农产	65 706.42
10	奶制品	18 677.10
	食品类合计	311 980.32
11	针纺	1 912.90
12	个人护理	13 369.79
13	家庭清洁	8 809.37
14	日用	25 731.24
15	文化	1 932.79
	非食品类合计	51 756.09
16	水果	30 366.30
	生鲜类合计	30 366.30
	总计	394 102.71

（10）6月15日，采购入库（填写报销清单支付货款）。相关单据如凭3-38~凭3-42所示。

凭3-38

_____费报销清单

使用单位：_____　　　　　　　　　　　　　　　　　　　报销日期：　年　月　日

	用途	报销数		财务科审核意见
		单据张数	金额	
原始单据贴后				
	金额合计：（大写）	（小写）¥		课题
	付讫记录：　　现金：　　　银行：　　　转账：			审核盖章

单位负责人：　　　　　保管验收或证明：　　　　　经报人：

凭3-39

山东增值税专用发票

No 04200001

开票日期：2018 年 06 月 15 日

购货单位	名　　　称：威海鸿升超市有限公司 纳税人识别号：371002123456789051 地址、电话：威海市高区初村北海新城　0631-5268001 开户行及账号：中国建设银行威海分行初村支行　37050170670800000001					密码区	略	
货物或应税劳务、服务名称 （详见销货清单）	规格型号	单位	数量	单价	金额 397 500.15	税率 16%	税额 63 600.02
合计					¥397 500.15		¥63 600.02
价税合计（大写）	肆拾陆万壹仟壹佰元壹角柒分				（小写）¥		
销货单位	名　　　称：威海乐嘉超市有限公司 纳税人识别号：91371000166697725Y 地址、电话：威海市初张路　0631-1234568 开户行及账号：中国建设银行威海分行　37001706708050000233					备		

第二联：抵扣联　购货方扣税凭证

收款人：连静　　　复核：徐颖　　　开票人：李云　　　销货单位（章）

（威海乐嘉超市有限公司　91371000166697725Y　发票专用章）

凭 3-40

山东增值税专用发票

山东省 发票联

No 04200001

开票日期：2018 年 06 月 15 日

购货单位	名　　　称：威海鸿升超市有限公司 纳税人识别号：371002123456789051 地址、电话：威海市高区初村北海新城 0631-5268001 开户行及账号：中国建设银行威海分行初村支行 37050170670800000001	密码区	略

货物或应税劳务、服务名称（详见销货清单）	规格型号	单位	数量	单价	金额 397 500.15	税率 16%	税额 63 600.02
合　计					¥397 500.15		¥63 600.02

价税合计（大写）	肆拾陆万壹仟壹佰元壹角柒分

销货单位	名　　　称：威海乐嘉超市有限公司 纳税人识别号：91371000166697725Y 地址、电话：威海市初张路　0631-1234568 开户行及账号：中国建设银行威海分行　37001706708050000233	备注 威海乐嘉超市有限公司 91371000166697725Y 发票专用章

收款人：连静　　　　复核：徐颖　　　　开票人：李云　　　　销货单位：（章）

第三联：发票联　购货方记账凭证

凭 3-41

中国建设银行
China Construction Bank

中国建设银行单位客户专用回单

币别：人民币　　　　　　　　　2018 年 06 月 15 日　　　　　　　流水号：略

付款人	全称	威海鸿升超市有限公司	收款人	全称	威海乐嘉超市有限公司
	账户	37050170670800000001		账户	37001706708050000233
	开户行	中国建设银行威海分行初村支行		开户行	中国建设银行威海分行

金额	（大写）肆拾陆万壹仟壹佰元壹角柒分	（小写）¥461 100.17

凭证种类	电子转账凭证	凭证号码	略
结算方式	转账	用途	货款

中国建设银行 电子回单专用章

借方回单

凭 3-42

增值税发票清单汇总

发票号：04200001　　　　　开票日期：2018 年 06 月 15 日　　　　　单位：元

序号	品类	金额	税额	总金额
1	酒	6 301.48	1 008.24	7 309.72
2	饮料	27 575.40	4 412.06	31 987.46
3	冲调	22 175.82	3 548.13	25 723.95
4	糕点	51 248.46	8 199.75	59 448.21
5	糖果	117 041.02	18 726.56	135 767.58
6	干海产	1 989.02	318.24	2 307.26
7	面包	2 433.04	389.29	2 822.33
8	调味	794.60	127.14	921.74
9	农产	66 272.85	10 603.66	76 876.51
10	奶制品	18 838.11	3 014.10	21 852.21
	食品类合计	314 669.80	50 347.17	365 016.97
11	针纺	1 929.39	308.70	2 238.09
12	个人护理	13 485.04	2 157.61	15 642.65
13	家庭清洁	8 885.31	1 421.65	10 306.96
14	日用	25 953.06	4 152.49	30 105.55
15	文化	1 949.47	311.91	2 261.38
	非食品类合计	52 202.27	8 352.36	60 554.63
16	水果	30 628.08	4 900.49	35 528.57
	生鲜类合计	30 628.08	4 900.49	35 528.57
	总计	397 500.15	63 600.02	461 100.17

（11）6 月 18 日，收到备用金账户转账。相关单据如凭 3-43 所示。

凭 3-43

中国建设银行　　　　　**中国建设银行单位客户专用回单**

China Construction Bank

币别：人民币　　　　　　　2018 年 06 月 18 日　　　　　　流水号：略

付款人	全称	威海鸿升超市有限公司	收款人	全称	备用金账户	
	账户	37050170670800000001		账户	略	借方回单
	开户行	中国建设银行威海分行初村支行		开户行	略	
金额	（大写）壹拾肆万贰仟捌佰叁拾肆元贰角壹分				（小写）￥142 834.21	
凭证种类	电子转账凭证			凭证号码		
结算方式	转账			用途		

（12）6 月 21 日，收到利息收入。相关单据如凭 3-44 所示。

凭 3-44

中国建设银行　　　　　　　　　中国建设银行单位客户专用回单

China Construction Bank

币别：人民币　　　　　　　　　　　2018 年 06 月 21 日　　　　　　　　流水号：略

户名：威海鸿升超市有限公司			账号：37050170670800000001		
计息项目	起息日	结息日	本金/积数	利率/%	利息
活期利息	20170921	20171221	20 119 598.70	0.300 000	￥167.66
合计金额	（大写）壹佰陆拾柒元陆角陆分			（小写）￥167.66	

上列存款利息，已照收你单位

37050170670800000001 账户

（中国建设银行 电子回单 专用章）

（13）6 月 30 日，计提本月固定资产折旧。计算分配表如凭 3-45 所示。

凭 3-45

固定资产折旧计算分配表

编号	名称	入账日期	数量	单价/元	金额/元	使用年限/年	净残值率/%	本月折旧额/元
1	货架	2017.9.1	20	350.00	7 000.00	5	5	110.83
2	电脑	2017.9.1	3	3 000.00	9 000.00	3	3	242.50
3	升降梯	2017.9.1	1	148 000.00	148 000.00	10	5	1 171.67
4	空调	2017.9.1	1	10 500.00	10 500.00	5	5	166.25
5	冷柜	2017.9.1	5	3 280.00	16 400.00	5	5	259.67
合计								1 950.92

（14）6 月 30 日，本月销售明细与收银明细。相关单据如凭 3-46、凭 3-47 所示。

凭 3-46

6月份收银状况

名称	金额/元	备注
微信支付宝	457 407.21	备用金账户
一卡通中心	27 444.92	计入应收账款
A公司	23 065.75	计入应收账款
收银误差	111.48	计入管理费用
合计	508 029.36	

凭 3-47

销售收入明细

2018 年 06 月 30 日   单位：元

序号	品类	增值税税额	销售价格	价税合计
1	酒	526.49	3 290.56	3 817.05
2	饮料	2 485.70	15 535.63	18 021.33
3	冲调	2 025.25	12 657.80	14 683.05
4	糕点	17 828.84	111 430.27	129 259.11
5	糖果	3 036.26	18 976.62	22 012.88
6	干海产	122.46	765.39	887.85
7	面包	1 835.67	11 472.93	13 308.60
8	调味	1 258.94	7 868.41	9 127.35
9	农产	1 953.66	12 210.36	14 164.02
10	奶制品	7 443.35	46 520.95	53 964.30
11	肉制品	1 917.72	11 985.78	13 903.50
12	低温奶	6 546.27	40 914.18	47 460.45
13	低温肉制品	427.14	2 669.61	3 096.75
14	冷冻	378.46	2 365.34	2 743.80
食品类合计		47 786.21	298 663.83	346 450.04
15	针纺	555.89	3 474.31	4 030.20
16	个人护理	5 925.25	37 032.79	42 958.04
17	母婴	37.16	232.24	269.40
18	家庭清洁	2 259.99	14 124.96	16 384.95
19	家电	61.45	384.05	445.50
20	日用	1 107.89	6 924.31	8 032.20
21	文化	847.66	5 297.84	6 145.50
非食品类合计		10 795.29	67 470.50	78 265.79
22	水果	11 465.66	71 660.35	83 126.01
23	蔬菜	2.69	16.81	19.50
24	生肉禽	23.18	144.84	168.02
生鲜类合计		11 491.53	71 822.00	83 313.53
总计		70 073.03	437 956.33	508 029.36

（15）6 月 30 日，本月销售成本明细如凭 3-48 所示。

凭 3-48

销售成本明细

2018 年 06 月 30 日　　　　　　　　　　　　　　　单位：元

序号	品类	销售成本
1	酒	3 088.77
2	饮料	15 020.47
3	冲调	10 649.94
4	糕点	96 591.39
5	糖果	16 792.88
6	干海产	609.75
7	面包	10 944.18
8	调味	6 300.40
9	农产	11 791.33
10	奶制品	45 005.41
11	肉制品	11 339.08
12	低温奶	38 076.69
13	低温肉制品	2 193.27
14	冷冻	2 061.16
	食品类合计	270 464.72
15	针纺	2 394.71
16	个人护理	34 499.89
17	母婴	198.00
18	家庭清洁	13 027.84
19	家电	296.10
20	日用	4 842.94
21	文化	3 779.71
	非食品类合计	59 039.19
22	水果	65 159.74
23	蔬菜	13.47
24	生肉禽	127.01
	生鲜类合计	65 300.22
	总计	394 804.13

（16）6月30日，计提本月工资。工资表如凭3-49所示。

凭3-49

威海鸿升超市有限公司6月份员工工资表

2018 年 06 月 30 日　　　　　　　　　　单位：元

序号	姓名	部门	工作天数	应发金额	应扣金额				实发金额
					请假栏		出差错		
					天数	扣款	收银误差	其他	
1	张云	办公室	26	3 500.00					3 500.00
2	李娜	办公室	26	3 000.00					3 000.00
3	王琦	办公室	26	2 800.00					2 800.00
4	赵羽	办公室	26	2 500.00					2 500.00
5	赵倩倩	收银	26	1 800.00					1 800.00
6	侯翠	酒水	26	1 800.00					1 800.00
7	葛静	微机员	26	1 800.00					1 800.00
8	闫平	糕点	26	1 800.00					1 800.00
9	李敏	日配	26	1 800.00					1 800.00
10	苗慧宇	非食	26	1 800.00					1 800.00
11	魏钰	生鲜	26	1 800.00					1 800.00
12	王宇	收银	26	1 800.00					1 800.00
13	梁强	日配	26	1 800.00					1 800.00
合计				人民币贰万捌仟元整					28 000.00

制表人：赵羽

（17）6月30日，计算本月应交增值税，填写增值税计算表（凭3-50）。

凭3-50

增值税计算表

单位：元

项目	金额
销项税额	
进项税额	
上期留抵税额	
应纳税额	

（18）6月30日，计算本月附加税，填写附加税计算分配表（凭3-51）。

凭 3-51

附加税计算分配表

单位：元

税目	计税基础	税率/%	应纳税额
城市维护建设税			
教育费附加			
地方教育费附加			
地方水利建设基金			

（19）6 月 30 日，计算并结转本季度所得税费用，填写所得税计算分配表（凭 3-52）。

凭 3-52

所得税计算分配表

单位：元

项目	本月金额	本季度累计金额
营业收入		
营业成本		
税金及附加		
销售费用		
管理费用		
财务费用		
资产减值损失		
公允价值变动损益		
投资收益		
营业外收入		
营业外支出		
利润总额		
所得税税率		
所得税		

（20）6 月 30 日，结转本月损益类账户（按总账科目结转），如凭 3-53 所示，并编制资产负债表（表 3-3）和利润表（表 3-4）。

凭 3-53

损益类账户	借方发生额	贷方发生额

表3-3 资产负债表

会企01表

编制单位： 年 月 日 单位：元

资产	期末余额	年初余额	负债和所有者权益	期末余额	年初余额
流动资产：			流动负债：		
货币资金			短期借款		
短期投资			应付票据		
应收票据			应付账款		
应收账款			预收账款		
预付账款			应付职工薪酬		
应收股利			应交税费		
应收利息			应付利息		
其他应收款			应付利润		
存货			其他应付款		
其中：原材料			其他流动负债		
在产品			流动负债合计		
库存商品			非流动负债：		
周转材料					
其他流动资产			长期借款		
流动资产合计			长期应付款		
非流动资产：			递延收益		
长期债券投资			其他非流动负债		
长期股权投资			非流动负债合计		
固定资产原价			负债合计		
减：累计折旧					
固定资产账面价值					
在建工程					
工程物资					
固定资产清理					
生产性生物资产			所有者权益：		
无形资产			实收资本		
开发支出			资本公积		
长期待摊费用			盈余公积		
其他非流动资产			未分配利润		
非流动资产合计			所有者权益合计		
资产总计			负债和所有者权益总计		

表3-4 利润表

会企02表

编制单位： 年 月 单位：元

项目	本年累计金额	本月金额
一、营业收入		
减：营业成本		
税金及附加		
其中：消费税		
城市维护建设税		
资源税		
土地增值税		
城镇土地使用税、房产税、车船税、印花税		
教育费附加、矿产资源补偿费、排污费		
销售费用		
其中：商品维修费		
广告费和业务宣传费		
管理费用		
其中：开办费		
业务招待费		
研究费用		
财务费用		
其中：利息费用（收入以"–"号填列）		
加：投资收益（损失以"–"号填列）		
二、营业利润（亏损以"–"号填列）		
加：营业外收入		
其中：政府补助		
减：营业外支出		
其中：坏账损失		
无法收回的长期债券投资损失		
无法收回的长期股权投资损失		
自然灾害等不可抗力因素造成的损失		
税收滞纳金		
三、利润总额（亏损总额以"–"号填列）		
减：所得税费用		
四、净利润（净亏损以"–"号填列）		

注：本表"本年累计金额"栏反映各项目自年初起至报告期末止的累计实际发生额；本表"本月金额"栏反映各项目的本月实际发生额。在编报年度财务报表时，应将"本月金额"栏改为"上年金额"栏，填列上年全年实际发生额。

实训四

快递企业会计核算

实训目的

本实训以威海高职顺达快递为会计主体，通过核算该公司 12 月份发生的经济业务，要求学生系统地掌握物流服务企业会计核算的基本流程和具体方法。

通过实训，学生可以了解快递业的主要经济业务内容，提升对不同行业知识的理解能力和实际操作的动手能力，达到熟练掌握各种不同行业会计核算基本工作流程目的。

实训目标

- 掌握快递企业的账务处理流程。
- 能够正确计算企业的成本与利润。

实训描述

■ **实训知识准备**

初步学习了初级会计实务、经济法基础、税法、成本会计等基本理论知识。

■ **实训材料准备**

（1）通用记账凭证、科目汇总表。

（2）日记账、三栏式明细账、数量金额式明细账、多栏式明细账、总账。

（3）记账凭证封面、明细账账簿封面、会计报表。

（4）黑色碳素笔、红色碳素笔、凭证装订机、图章、口取纸、尺子、剪刀、胶水、针、线绳等。

■ **实训工作要求**

（1）建立企业账簿，并根据期初资料登记日记账、总账、明细账期初余额。

（2）根据业务资料，填写部分原始单据。

（3）分析原始凭证并据以编制通用记账凭证。

填制记账凭证说明：记账凭证的制单人、审核人处需签章；编制记账凭证必须填制相关会计科目的明细科目；填制记账凭证时资料中未给出的内容可以不填。

（4）审核记账凭证，并在审核人处签章。

（5）根据审核无误的记账凭证编制科目汇总表。

（6）根据银行存款业务登记银行存款日记账。

（7）根据经审核的记账凭证、原始凭证登记各明细分类账簿。

（8）根据科目汇总表登记总账簿。

（9）对建立的账簿月结账。

（10）编制资产负债表，只需登记期末余额。

（11）编制年度利润表，只需登记本月金额。

（12）整理、装订会计凭证和会计资料。

实训内容

（一）企业基本情况

企业名称：威海高职顺达快递。

法人代表：王昌明。

注册资本：10万元人民币。

企业类型：有限责任公司。

开户银行：中国农业银行威海分行初村分理处。

银行账号：15561401040002223。

纳税人识别号：123710004944113190。

联系电话：0631-5700381。

公司注册地址：山东威海市高区科技新城。

公司经营范围：主要受理各快递物流公司的派件、发件、代收货款、到付等物流服务。

（二）会计岗位分工

（1）出纳人员：李亚兴——办理银行存款业务，登记银行存款日记账。

（2）总账会计：梁金玲——根据业务提供的资料，填制相关原始凭证，编制记账凭证，编制科目汇总表，登记各明细分类账和总账。

（3）会计主管：李璇——审核相关会计凭证并签章，编制会计报表。

（三）企业会计政策简介

（1）企业执行《小企业会计准则》，目前为增值税小规模纳税人。

（2）企业以人民币为记账本位币，采用科目汇总表账务处理程序登记总账。

（3）企业承担的顺通公司发件业务使用的面单、快递小袋子、大袋子等材料费用，因每月按使用量购进，为简化核算手续，在购入时一次性记入"主营业务成本"科目；材料费用的支付不通过银行存款支付，而是直接冲减顺通公司的"应收账款"科目。企业与顺通公司发生的各项管理费用、罚款损失等支出均在发生时冲减顺通公司的"应收账款"科目。

（4）企业设置"应付账款"明细科目，企业与各快递公司发生派件、发件、代收货款、到付等往来业务时均通过"应收账款"明细科目核算。

（5）企业不设置"库存现金"科目，企业的发件、代收货款、到付等业务只能通过微信或支付宝等方式结算，微信和支付宝绑定在企业总经理李璇的个人账户上，企业通过设置

"其他应收款——李璇"明细科目核算上述业务，李璇定期将上述业务收到的金额送存至企业对公账户。企业的所有支出业务均通过网银转账的方式进行。

（6）固定资产折旧采用平均直线法，残值率为3%，预计使用年限：货架10年，电脑3年。货架和电脑均为物流业务经营使用。

（7）公司适用税率：

① 增值税税率为3%。

② 城市维护建设税税率为7%，教育费附加税率为3%。

③ 企业代扣代缴个人所得税，在工资表中单独列示"代扣个人所得税"项目。

④ 所得税税率为20%，假定本年无纳税调整事项。根据（财税〔2018〕77号）小型微利企业所得税优惠政策有关征管规定，公司可以享受小微企业税收优惠（年应纳税所得额≤100万元，税率20%，应纳税所得额减按50%）。

（8）利润分配：

① 法定盈余公积提取比例为10%。

② 暂不进行利润分配。

（9）合同约定烟台零创供应链管理有限公司有权按照派件每单0.075元的标准向顺达快递收取服务费，期限是5年。

各家快递公司给付顺达快递的补助标准如表4-1所示。

表4-1 各家快递公司给付顺达快递的补助标准

快递公司名称	派费标准/（元/单）	发件标准
申通	0.50元（其中：派费直补0.3元）	—
百世汇通	0.50	—
顺通	0.50	省内首重10元，续重2元；江浙沪内首重12元，续重3元；其他首重15元，续重10元
京东	0.50	—
中通	0.35	—
韵达	0.35	—
顺丰	1.00	2.50元/单
天猫	0.80	—
圆通	0.50	—
邮政	0.40	—
安能	0.50	—
备注：表中的"派费直补0.3元"是指顺达快递派件时，快递公司直接将0.3元的派费补助打入手机App中。		

（四）期初资料

（1）顺达快递2018年11月30日总账及明细账账户余额如表4-2所示。

表4-2 账户余额表

2018 年 11 月 30 日   单位：元

总账科目	二级科目	借方余额	总账科目	二级科目	贷方余额
银行存款		35 754.28	其他应付款		11 254.60
应收账款		76 498.42		梁金玲	11 254.60
	申通	2 567.70	应付职工薪酬		13 535.00
	百世汇通	10 289.15		工资	9 000.00
	顺通	13 098.62		社会保险	3 060.00
	中通	17 543.10		工会经费	180.00
	韵达	12 895.55		职工福利	1 160.00
	顺丰	13 400.50		职工教育经费	135.00
	京东	1 289.50	实收资本		100 000.00
	圆通	1 179.50	利润分配		
	邮政	4 234.80		未分配利润	
其他应收款		2 652.90	累计折旧		2 716.00
	李璇	2 199.90		电脑	2 425.00
	梁金玲	453.00		货架	291.00
固定资产		12 600.00			
	电脑	9 000.00			
	货架	3 600.00			
合 计		127 505.60	合 计		127 505.60

（2）顺达快递 2018 年 1～11 月损益类账户发生额如表 4-3 所示。

表4-3 损益类账户1～11月累计发生额表

2018 年 11 月 30 日   单位：元

总账科目	二级科目	1～11 月累计发生额	
		借方	贷方
主营业务收入			200 921.70
主营业务成本		34 087.00	
财务费用		616.02	
	利息		1.98
	手续费	10.00	
	短信费	608.00	
销售费用	折旧费	2 716.00	
管理费用		42 999.60	
	人工费	13 535.00	
	通信费	550.00	
	服务费	28 444.60	
	扶持派费	170.00	
	晚间操作费	100.00	
	改签费	200.00	
	其他	0.00	
营业外支出	罚款	1 406.10	

（五）业务资料

2018 年 12 月，顺达快递发生如下经济业务：

（1）2018 年 12 月 6 日，收到邮政快递派件费 4 234.80 元。相关票据如凭 4-1 所示。

凭 4-1

<table>
<tr><td colspan="6" align="center">电子回单</td></tr>
<tr><td colspan="4" align="center">回单编号：323803765546113978</td><td colspan="2">第一次打印</td></tr>
<tr><td rowspan="3">付款方</td><td>账号</td><td>6228403023816818111</td><td rowspan="3">收款方</td><td>账号</td><td>15561401040002223</td></tr>
<tr><td>户名</td><td>于文强</td><td>户名</td><td>威海高职顺达快递</td></tr>
<tr><td>开户行</td><td>威海市商业银行</td><td>开户行</td><td>中国农业银行威海分行初村分理处</td></tr>
<tr><td colspan="2">金额（大写）</td><td>肆仟贰佰叁拾肆元捌角</td><td>金额（小写）</td><td colspan="2">4 234.80</td></tr>
<tr><td colspan="2">币种</td><td align="center">人民币</td><td>摘要</td><td colspan="2" align="center">网内往来汇出</td></tr>
<tr><td colspan="2">交易时间</td><td>2018/12/06　16:06:41</td><td>会计日期</td><td colspan="2">20181206</td></tr>
<tr><td colspan="2">附言</td><td colspan="4">邮政快递 业务类型：汇兑 交易通道：TULP
交易渠道：TERM 加急标识：普通　　　中国农业银行股份有限公司 回单专用章</td></tr>
<tr><td colspan="6">本回单仅表明您的账户有金融性交易，不能作为到账凭证，不可作为收款方发货依据</td></tr>
</table>

（2）2018 年 12 月 8 日，收到韵达快递派件费 3 584.50 元。相关单据如凭 4-2 所示。

凭 4-2

<table>
<tr><td colspan="6" align="center">电子回单</td></tr>
<tr><td colspan="4" align="center">回单编号：323404308871822 78144</td><td colspan="2">第一次打印</td></tr>
<tr><td rowspan="3">付款方</td><td>账号</td><td>62178760000060884011</td><td rowspan="3">收款方</td><td>账号</td><td>15561401040002223</td></tr>
<tr><td>户名</td><td>吕小童</td><td>户名</td><td>威海高职顺达快递</td></tr>
<tr><td>开户行</td><td>威海市商业银行</td><td>开户行</td><td>中国农业银行威海分行初村分理处</td></tr>
<tr><td colspan="2">金额（大写）</td><td>叁仟伍佰捌拾肆元伍角</td><td>金额（小写）</td><td colspan="2">3 584.50</td></tr>
<tr><td colspan="2">币种</td><td align="center">人民币</td><td>摘要</td><td colspan="2" align="center">柜台转账存款</td></tr>
<tr><td colspan="2">交易时间</td><td>2018/12/08　18:37:02</td><td>会计日期</td><td colspan="2">20181208</td></tr>
<tr><td colspan="2">附言</td><td colspan="4" align="center">韵达快递　　　中国农业银行股份有限公司 回单专用章</td></tr>
<tr><td colspan="6">本回单仅表明您的账户有金融性交易，不能作为到账凭证，不可作为收款方发货依据</td></tr>
</table>

（3）2018 年 12 月 11 日，银行代扣短信费 60 元。相关单据如凭 4-3 所示。

凭 4-3

电子回单					
回单编号：31810413416910465841				第一次打印	
付款方	账号	15561401040002223	收款方	账号	15561401940050310
	户名	威海高职顺达快递		户名	中国移动公司威海分公司
	开户行	中国农业银行威海分行初村分理处		开户行	中国农业银行威海分行初村分理处
金额（大写）		陆拾元整	金额（小写）		60.00
币种		人民币	摘要		转账存款
交易时间		2018/12/11　21:01:14	会计日期		20181211
附言		短信费		中国农业银行股份有限公司 回单专用章	
本回单仅表明您的账户有金融性交易，不能作为到账凭证，不可作为收款方发货依据					

（4）2018 年 12 月 12 日，通过网银发放 11 月份工资 8 010 元。工资结算单、批量代发清单、电子回单如凭 4-4～凭 4-6 所示。

凭 4-4

工资结算单

2018 年 11 月 30 日　　　　　　　　　　　　　　　　　　单位：元

姓名	应付工资	代扣工资				实发工资
		养老保险（8%）	失业保险（1%）	医疗保险（2%）	小计	
王昌明	2 600.00	208.00	26.00	52.00	286.00	2 314.00
李璇	2 600.00	208.00	26.00	52.00	286.00	2 314.00
李亚兴	2 600.00	208.00	26.00	52.00	286.00	2 314.00
董秀杰	1 200.00	96.00	12.00	24.00	132.00	1 068.00
合计	9 000.00	720.00	90.00	180.00	990.00	8 010.00

审核：李璇　　　　　　　　　　　　　　制表人：李亚兴

凭 4-5

中国农业银行威海分行初村分理处批量代发成功清单

机关代码 3876　　　　　　　　　入账时间：2018 年 12 月 12 日

账号	姓名	金额
6217002230005296052	王昌明	2 314.00
6217002230005266296	李璇	2 314.00
6217002230005277889	李亚兴	2 314.00
6217002230005233445	董秀杰	1 068.00
合计		8 010.00

凭 4-6

电子回单					
回单编号：31810413416910465841					第一次打印
付款方	账号	15561401040002223	收款方	账号	15561401040002228
	户名	威海高职顺达快递		户名	中国农业银行威海分行初村分理处
	开户行	中国农业银行威海分行初村分理处		开户行	中国农业银行威海分行初村分理处
金额（大写）		捌仟零壹拾元整	金额（小写）		8 010.00
币种		人民币	摘要		转账存款
交易时间		2018/12/12　10:01:14	会计日期		20181212
附言		批量代发 11 月份工资			
本回单仅表明您的账户有金融性交易，不能作为到账凭证，不可作为收款方发货依据					

（5）2018 年 12 月 13 日，缴纳 11 月份社会保险费 4 050 元，其中个人负担 990 元。相关单据如凭 4-7 所示。

凭 4-7

电子回单					
		回单编号：31810413416910465456		第一次打印	
付款方	账号	15561401040002223	收款方	账号	62831501000043863888
	户名	威海高职顺达快递		户名	威海市税务局
	开户行	中国农业银行威海分行初村分理处		开户行	国家金库威海市之库（代理）
金额（大写）		肆仟零伍拾元整	金额（小写）		4 050.00
币种		人民币	摘要		转账付款
交易时间		2018/12/13　21:01:14	会计日期		20181213
附言		20181101-20181130 社会保险费			

本回单仅表明您的账户有金融性交易，不能作为到账凭证，不可作为收款方发货依据

（6）2018 年 12 月 15 日，整理各快递公司 1～15 日代收货款业务，办理业务时款项已通过微信或支付宝收存至企业总经理李璇的个人账户上（代收货款单据 4 张，如凭 4-8～凭 4-11 所示）。

凭 4-8

凭 4-9

凭 4-10

凭 4-11

（7）2018 年 12 月 15 日，李璇将 1～15 日各快递企业的代收货款 95 元存入企业对公账户。相关单据如凭 4-12 所示。

凭 4-12

电子回单					
回单编号：32410243707375868746					第一次打印
付款方	账号	6217002230002566369	收款方	账号	15561401040002223
	户名	李璇		户名	威海高职顺达快递
	开户行	中国建设银行威海分行		开户行	中国农业银行威海分行初村分理处
金额（大写）		玖拾伍元整	金额（小写）		95.00
币种		人民币	摘要		柜台转账存款
交易时间		2018/12/15　18:37:02	会计日期		20181215
附言		中通、申通、圆通 1～15 日代收货款			（盖章：中国农业银行股份有限公司 回单专用章）
本回单仅表明您的账户有金融性交易，不能作为到账凭证，不可作为收款方发货依据					

（8）2018 年 12 月 21 日，银行存款结息 3.98 元。相关单据如凭 4-13 所示。

凭 4-13

电子回单					
		回单编号: 31920113769918249942			第一次打印
付款方	账号	15561401040002228	收款方	账号	15561401040002223
	户名	中国农业银行威海分行初村分理处		户名	威海高职顺达快递
	开户行	中国农业银行威海分行初村分理处		开户行	中国农业银行威海分行初村分理处
金额(大写)		叁元玖角捌分	金额(小写)		3.98
币种		人民币	摘要		批量结息
交易时间		2018/12/21 01:50:22	会计日期		20181221
附言		批量结息: 结算周期 20180922-20181221-正常 利息 3.98-正常积数 478010-正常利率 0.3%			中国农业银行股份有限公司 回单专用章
本回单仅表明您的账户有金融性交易,不能作为到账凭证,不可作为收款方发货依据					

(9) 2018 年 12 月 23 日,李璇报销通信服务费 149.90 元。增值税电子普通发票、电子回单如凭 4-14、凭 4-15 所示。

凭 4-14

山东增值税电子普通发票

No 58806284

开票日期: 2018 年 12 月 20 日

购货方	名 称: 李璇 纳税人识别号: 地址、电话: 开户行及账号:					密码区	略		
货物或应税劳务、服务名称		规格型号	单位	数量	单价	金额	税率	税额	
通信服务费				1	149.90	149.90			
合计						¥149.90			
价税合计(大写)		⊗壹佰肆拾玖元玖角				(小写)¥149.90			
销货方	名 称:中国移动通信集团山东有限公司威海分公司 纳税人识别号: 9137100073067885XJ 地址、电话: 威海市环翠区新威路 10 号 0631-5711456 开户行及账号:中国银行威海分行 2208025845661234567811111					备注	中国移动通信集团山东有限公司威海分公司 9137100073067885XJ 发票专用章		

收款人:李亚兴   复核:李璇   开票人:李亚兴   销售方:(章)

凭 4-15

电子回单					
		回单编号：324102437375868746			第一次打印
付款方	账号	15561401040002223	收款方	账号	6217002230005266296
	户名	威海高职顺达快递		户名	李璇
	开户行	中国农业银行威海分行初村分理处		开户行	中国建设银行威海分行
金额（大写）		壹佰肆拾玖元玖角	金额（小写）		149.90
币种		人民币	摘要		转账
交易时间		2018/12/23　21:01:14	会计日期		20181223
附言		12 月通信服务费	中国农业银行股份有限公司 回单专用章		
本回单仅表明您的账户有金融性交易，不能作为到账凭证，不可作为收款方发货依据					

（10）2018 年 12 月 25 日，银行代扣网银年费 360 元。电子回单如凭 4-16 所示。

凭 4-16

电子回单					
		回单编号：31810413416910465841			第一次打印
付款方	账号	15561401040002223	收款方	账号	15561401040002228
	户名	威海高职顺达快递		户名	中国农业银行威海分行初村分理处
	开户行	中国农业银行威海分行初村分理处		开户行	中国农业银行威海分行初村分理处
金额（大写）		叁佰陆拾元整	金额（小写）		360.00
币种		人民币	摘要		批量扣费
交易时间		2018/12/25　21:01:14	会计日期		20181225
附言		2018 网银收年费	中国农业银行股份有限公司 回单专用章		
本回单仅表明您的账户有金融性交易，不能作为到账凭证，不可作为收款方发货依据					

（11）2018 年 12 月 31 日，整理申通快递公司派费收入 5 041.50 元，其中，派费直补的金额 2 961 元被代理商梁金玲提走，其他款项均未收到。申通快递公司派费收入表如凭 4-17 所示。

凭 4-17

2018年12月申通快递公司派费收入表

2018 年 12 月 31 日

项目	派件量/件	单件派费/元	金额/元	备　注
申通快递	10 083	0.50	5 041.50	派费直补被代理商
	其中：派费直补量 9 870	其中：派费直补 0.30	2 961.00	梁金玲提走
应收账款			2 080.50	

领导签字：王昌明　　　　审核：李璇　　　　制表人：李亚兴

（12）2018 年 12 月 31 日，整理除申通外其他快递公司派费收入 17 278.35 元，款项均未收到。各快递公司派费收入表如凭 4-18 所示。

凭 4-18

2018年12月各快递公司派费收入表

2018 年 12 月 31 日

快递公司名称	派件量/件	单件派费/元	金额/元
百世汇通	10 284	0.50	5 142.00
顺通	10 843	0.50	5 421.50
中通	10 378	0.35	3 632.30
韵达	5 885	0.35	2 059.75
顺丰	478	1.00	478.00
京东	256	0.80	204.80
圆通	400	0.50	200.00
邮政	130	0.40	52.00
安能	176	0.50	88.00
合计	38 830		17 278.35

领导签字：王昌明　　　　经办人签字：李璇　　　　制表人：李亚兴

（13）2018 年 12 月 31 日，整理顺通快递发件收入 7 038 元，款项收存李璇微信和支付宝绑定的个人账户上。顺通发件收入明细表如凭 4-19 所示。

凭4-19

2018年12月顺通发件收入明细表

2018 年 12 月 31 日　　　　　　　　　　　　　　　　　单位：元

日期	金额	日期	金额	日期	金额
12 月 1 日	279.00	12 月 11 日	254.00	12 月 21 日	144.00
12 月 2 日	242.00	12 月 12 日	296.00	12 月 22 日	151.00
12 月 3 日	200.00	12 月 13 日	236.00	12 月 23 日	208.00
12 月 4 日	232.00	12 月 14 日	278.00	12 月 24 日	181.00
12 月 5 日	280.00	12 月 15 日	223.00	12 月 25 日	243.00
12 月 6 日	259.00	12 月 16 日	299.00	12 月 26 日	152.00
12 月 7 日	294.00	12 月 17 日	266.00	12 月 27 日	227.00
12 月 8 日	274.00	12 月 18 日	136.00	12 月 28 日	125.00
12 月 9 日	302.00	12 月 19 日	212.00	12 月 29 日	220.00
12 月 10 日	314.00	12 月 20 日	277.00	12 月 31 日	234.00
小计	2676.00	小计	2 477.00	小计	1 885.00
12 月份顺通发件收入合计 7 038.00 元					

领导签字：王昌明　　　　　经办人签字：李璇　　　　　制表人：李亚兴

（14）2018 年 12 月 31 日，整理顺达快递从顺通公司购买快递面单、快递小袋子等材料2 883 元。顺通快递材料费明细表如凭 4-20 所示。

凭4-20

2018年12月顺通快递材料费明细表

2018 年 12 月 31 日

日期	项目名称	数量/件	单价/（元/件）	金额/元
12 月 5 日	面单	200	3.00	600.00
12 月 5 日	小袋子	100	0.16	16.00
12 月 12 日	面单	200	3.00	600.00
12 月 12 日	小袋子	100	0.16	16.00
12 月 12 日	大袋子	100	0.27	27.00
12 月 12 日	验视卡	100	0.38	38.00
12 月 19 日	面单	100	3.00	300.00
12 月 21 日	大袋子	100	0.27	27.00
12 月 21 日	小袋子	100	0.16	16.00
12 月 22 日	面单	200	3.00	600.00
12 月 28 日	面单	200	3.00	600.00
12 月 28 日	大袋子	100	0.27	27.00
12 月 28 日	小袋子	100	0.16	16.00
合计				2 883.00

领导签字：王昌明　　　　　审核：李璇　　　　　制表人：李亚兴

（15）2018 年 12 月 31 日，整理顺达快递派发顺通快递发生的各项管理费用 3 008 元。
派发顺通快递管理费用明细表如凭 4-21 所示。

凭 4-21

2018年12月派发顺通快递管理费用明细表

2018 年 12 月 31 日

日期	单号	产生的原因	金额/元	备注
12 月 2 日	886816616520458886	签收后退回	2.00	
12 月 2 日	886951740956822406	签收后退回	2.00	
12 月 11 日	887070185790966423	签收后退回	2.00	
12 月 12 日	887069299336054841	签收后退回	2.00	
12 月 14 日	887115105579763372	签收后退回	2.00	
12 月 16 日	881198780895012332	签收后单改出	5.00	8888119568621211156
12 月 19 日	887246891903589067	换单退	7.00	888119228378747455
12 月 21 日	887289688150185511	签收后改出	2.00	
12 月 22 日	886816616520458189	签收后退回	2.00	
12 月 24 日	886004771680576657	签收后改出	2.00	
12 月 24 日	887399413020923056	签收后退回	2.00	
12 月 25 日	8888116177816784455	有偿派送	1.00	
12 月 31 日		管理费	200.00	
12 月 31 日		扶持派费	432.00	
12 月 31 日		晚间操作费	173.00	
12 月 31 日		转费	2 009.00	
12 月 31 日		旺季总部每票加收 0.2 元	163.00	
合计			3 008.00	

领导签字：王昌明　　　　　　审核：李璇　　　　　　　　制表人：李亚兴

（16）2018 年 12 月 31 日，整理顺达快递派发顺通快递发生的损失费 547.12 元。派发顺
通快递发生的损失明细表如凭 4-22 所示。

凭 4-22

2018年12月派发顺通快递发生的损失明细表

2018 年 12 月 31 日

日期	单号	产生的原因	金额/元	备注
12 月 8 日	887009713613838520	遗失	138.00	
12 月 15 日	886762137187781156	遗失	39.00	
12 月 18 日	887166859938113434	遗失	17.20	
12 月 24 日	887094994337513895	遗失	173.92	没有入库信息
12 月 26 日	887098974481625127	遗失	179.00	没有入库信息
合计			547.12	

领导签字：王昌明　　　　　　审核：李璇　　　　　　　　制表人：李亚兴

（17）2018 年 12 月 31 日，整理各快递公司 16～31 日代收货款业务，办理业务时款项已通过微信或支付宝收存至企业总经理李璇的个人账户上。代收货款单据 5 张，如凭 4-23～凭 4-27 所示。

凭 4-23

凭 4-24

凭 4-25

凭 4-26

凭 4-27

（18）2018 年 12 月 31 日，李璇将 16～31 日各快递公司的代收货款 200 元存入公司对公账户。电子回单如凭 4-28 所示。

凭 4-28

电子回单				
回单编号：32410243707377465868				第一次打印
付款方	账号	6217002230002566369	收款方 账号	15561401040002223
	户名	李璇	户名	威海高职顺达快递
	开户行	中国建设银行威海分行	开户行	中国农业银行威海分行初村分理处
金额（大写）		贰佰元整	金额（小写）	200.00
币种		人民币	摘要	柜台转账存款
交易时间		2018/12/31　18:37:02	会计日期	20181231
附言		中通、申通、圆通 16～31 日代收货款		中国农业银行股份有限公司 回单专用章
本回单仅表明您的账户有金融性交易，不能作为到账凭证，不可作为收款方发货依据				

（19）2018 年 12 月 31 日，计提本月固定资产折旧，计算并填写本月应提折旧额。固定资产折旧计算表如凭 4-29 所示。

凭 4-29

固定资产折旧计算表

2018 年 12 月 31 日

使用部门	固定资产类别	固定资产原值/元	固定资产月折旧率/%	本月应提折旧额/元
营业部	电脑	9 000.00	2.69	
	货架	3 600.00	0.81	
合计				

领导签字：王昌明　　　　　　　审核：李璇　　　　　　　制表人：李亚兴

（20）2018 年 12 月 31 日，分配本月职工薪酬 13 535 元。职工薪酬分配表如凭 4-30 所示。

凭 4-30

职工薪酬分配表

2018 年 12 月 31 日　　　　　　　　　　　　　　　　单位：元

部门	应付工资	职工福利	社会保险	工会经费	职工教育经费	合计
管理部门	9 000.00	1 160.00	3 060.00	180.00	135.00	13 535.00

领导签字：王昌明　　　　　　　审核：李璇　　　　　　　制表人：李亚兴

（21）2018 年 12 月 31 日，向烟台零创供应链管理有限公司支付服务费 3 668.49 元。威海高职顺达快递服务费表、山东增值税普通发票、电子回单如凭 4-31～凭 4-33 所示。

凭 4-31

2018年12月威海高职顺达快递服务费表

2018 年 12 月 31 日

快递公司名称	派件量/件	单件派费/元	金额/元
申通	10 083	0.075	756.23
百世汇通	10 284	0.075	771.30
顺通	10 843	0.075	813.23
中通	10 378	0.075	778.35
韵达	5 885	0.075	441.38
顺丰	478	0.075	35.85
京东	256	0.075	19.20
圆通	400	0.075	30.00
邮政	130	0.075	9.75
安能	176	0.075	13.20
合计	48 913	0.75	3 668.49

凭 4-32

山东增值税普通发票

No 41529119

开票日期：2018 年 12 月 31 日

<table>
<tr><td rowspan="4">购货单位</td><td colspan="2">名　　称：威海高职顺达快递</td><td rowspan="4">密码区</td><td rowspan="4" colspan="3">略</td></tr>
<tr><td colspan="2">纳税人识别号：123710004944113190</td></tr>
<tr><td colspan="2">地址、电话：山东威海市高区科技新城　0631-5700381</td></tr>
<tr><td colspan="2">开户行及账号：中国农业银行威海分行初村分理处　15561401040002223</td></tr>
<tr><td colspan="3">货物或应税劳务、服务名称</td><td>规格型号</td><td>单位</td><td>数量</td><td>单价</td><td>金额</td><td>税率</td><td>税额</td></tr>
<tr><td colspan="3">服务费</td><td></td><td></td><td></td><td></td><td>3 561.64</td><td>3%</td><td>106.85</td></tr>
<tr><td colspan="3">合　计</td><td></td><td></td><td></td><td></td><td>¥ 3 561.64</td><td></td><td>¥ 106.85</td></tr>
<tr><td colspan="3">价税合计（大写）</td><td colspan="4">叁仟陆佰陆拾捌元肆角玖分</td><td colspan="3">（小写）¥3 668.49</td></tr>
<tr><td rowspan="4">销货方</td><td colspan="2">名　　称：烟台零创供应链管理有限公司</td><td rowspan="4">备注</td><td rowspan="4" colspan="3">（盖章）
91370613313098723P
发票专用章</td></tr>
<tr><td colspan="2">纳税人识别号：91370613313098723P</td></tr>
<tr><td colspan="2">地址、电话：烟台市高新区临海路 1 号　0535-8205387</td></tr>
<tr><td colspan="2">开户行及账号：恒丰银行蓝山支行　853532010122700833</td></tr>
</table>

收款人：吕玲　　　复核：吕玲　　　开票人：吕玲　　　销售方：（章）

第二联：发票联　购货方记账凭证

凭 4-33

<table>
<tr><td colspan="6" align="center">电子回单</td></tr>
<tr><td colspan="4">回单编号：31819104658410413416</td><td colspan="2">第一次打印</td></tr>
<tr><td rowspan="3">付款方</td><td>账号</td><td>15561401040002223</td><td rowspan="3">收款方</td><td>账号</td><td>853532010122700833</td></tr>
<tr><td>户名</td><td>威海高职顺达快递</td><td>户名</td><td>烟台零创供应链管理有限公司</td></tr>
<tr><td>开户行</td><td>中国农业银行威海分行初村分理处</td><td>开户行</td><td>恒丰银行蓝山支行</td></tr>
<tr><td>金额（大写）</td><td colspan="2">叁仟陆佰陆拾捌元肆角玖分</td><td>金额（小写）</td><td colspan="2">3 668.49</td></tr>
<tr><td>币种</td><td colspan="2">人民币</td><td>摘要</td><td colspan="2">网内往来汇出</td></tr>
<tr><td>交易时间</td><td colspan="2">2018/12/31　11:10:23</td><td>会计日期</td><td colspan="2">20181231</td></tr>
<tr><td>附言</td><td colspan="2">201812 服务费</td><td colspan="3">中国农业银行股份有限公司
回单专用章</td></tr>
<tr><td colspan="6">本回单仅表明您的账户有金融性交易，不能作为到账凭证，不可作为收款方发货依据</td></tr>
</table>

（22）2018 年 12 月 31 日，计算并填写本月应交增值税。应交增值税计算表如凭 4-34 所示（计算结果小数点后保留 2 位）。

凭 4-34

应交增值税计算表

2018 年 12 月 31 日

项目	金额（含税）/元	税率/%	应交增值税/元
申通快递派费收入			
申通外其他快递派费收入			
顺通发件收入			
合计			

领导签字：王昌明　　　　　　　审核：李璇　　　　　　　制表人：李亚兴

（23）2018 年 12 月 31 日，计算并填写本月应交城市维护建设税及教育费附加。应交城市维护建设税和教育费附加计算表如凭 4-35 所示。

凭 4-35

应交城市维护建设税和教育费附加计算表

2018 年 12 月 31 日

税种	计税依据	计税金额/元	税率/%	应纳税额/元
城市维护建设税				
教育费附加				

领导签字：王昌明　　　　　　　审核：李璇　　　　　　　制表人：李亚兴

（24）2018 年 12 月 31 日，填写并结转全年损益类账户余额（只填写总账金额）。损益类账户累计发生额表如凭 4-36 所示。

凭 4-36

损益类账户累计发生额表

2018 年 12 月 31 日　　　　　　　　　　　　　　　单位：元

账户名称	1～12 月累计发生额	
	借方	贷方
主营业务收入		
主营业务成本		
销售费用		
财务费用		
管理费用		
营业外支出		
税金及附加		

（25）2018 年 12 月 31 日，计算并结转本年度所得税费用（假设本年无所得税纳税调整事项）。年度应纳所得额计算表如凭 4-37 所示（计算结果小数点后保留 2 位）。

凭 4-37

年度应纳所得税额计算表

2018 年 12 月 31 日　　　　　　　　　　　　　　　　　　　　　　单位：元

项目	金额
一、应纳税所得额	
二、减税金额	
适用税率	
三、应纳所得税额	

（26）2018 年 12 月 31 日，结转本年利润账户余额。

（27）2018 年 12 月 31 日，提取并结转法定盈余公积。盈余公积计算表如凭 4-38 所示。

凭 4-38

盈余公积计算表

2018 年 12 月 31 日　　　　　　　　　　　　　　　　　　　　　　单位：元

项目	金额
计提基数	
提取法定盈余公积 10%	

领导签字：王昌明　　　　　　　审核：李璇　　　　　　　制表人：李亚兴

（28）2018 年 12 月 31 日，结转利润分配明细账余额。

实训五

加工企业会计核算

实训目的

　　本实训以滨海东方股份有限责任公司发生的业务为载体，要求学生掌握加工制造业中产品成本的核算内容，并能够根据各种耗费计算产品成本。

　　通过实训，学生可以进一步掌握对会计核算程序的运用，加深对会计凭证体系、账户体系和主要会计报表构成的认识和理解，帮助学生对会计核算的基本程序、一般核算特点和方法，以及对企业会计课堂理论教学有更加深刻地认识，达到初步具备从事会计工作能力的目的。

实训目标

- 能够准确计算产品成本。
- 掌握加工制造业的账务处理。

实训描述

　■　**实训知识准备**

初步学习了财经法规、初级会计实务、税法、成本会计等基本理论知识。

　■　**实训材料准备**

（1）通用记账凭证、科目汇总表。

（2）日记账、三栏式明细账、数量金额式明细账、总账。

（3）记账凭证封面、明细账账簿封面、会计报表。

（4）红色碳素笔、黑色碳素笔、图章、口取纸、尺子、剪刀、胶水、针、线绳等。

　■　**实训工作要求**

（1）建立下列账簿：原材料总账及其明细账、库存商品总账及其明细账，并登记其期初余额。

（2）分析原始凭证并据以编制通用记账凭证；审核记账凭证，并在审核人处签章。

　　填制凭证说明：记账凭证的制单人、审核人处需签章；编制记账凭证必须填制相关会计科目的明细科目；填制记账凭证时资料中未给出的内容可以不填。

（3）根据经审核的记账凭证、原始凭证登记各类账簿。

（4）根据记账凭证、原始凭证，登记上述账簿的发生额，并进行结账。

（5）编制资产负债表（只登记期末余额）、利润表（只登记本期金额）。

（6）整理、装订会计凭证。

（7）计算下列财务指标：流动比率、资产负债率、营业利润率、成本费用润率，列出公式，计算结果百分数保留小数点后两位。

实训内容

（一）企业基本情况

企业名称：滨海东方股份有限责任公司。

（注：每年 10 月至次年 3 月为销售旺季，4 月至 9 月为销售淡季。）

法人代表：张生。

注册资本：500 万元人民币。

企业类型：工业企业（一般纳税人）。

开户银行：中国银行威海市环翠支行。

银行账号：01010203040506070809111。

纳税人识别号：370102169354239123。

联系电话：0631-8895453。

公司注册地址：威海市环翠区统一路。

公司经营范围：在国家核准登记的范围内从事加工制造活动。该公司主要以 A 和 B 作为原材料，生产甲、乙两种产品并开展产品售后服务，产品质量标准达到行业领先地位，销往省内及全国各地。

（二）会计岗位分工

（1）出纳人员：韩平——根据业务资料，手工签发转账支票、填制进账单的核心事项；登记银行存款日记账。

（2）总账会计：李军——根据业务提供的资料，填制相关原始凭证，编制记账凭证，登记各分类账。

（3）会计主管：王芳——审核相关会计凭证并签章，编制会计报表和计算财务指标。

（三）企业会计政策简介

（1）该公司执行新企业会计准则。

（2）原材料按实际成本计价，发出材料成本采用先进先出法。

（3）已销商品成本采用月末一次加权平均法，加权平均单价保留小数点后四位，成本计算结果保留小数点后两位。

（4）公司适用税率：

① 增值税：公司采购材料和销售产品的价格均为不含税价格，增值税税率为 16%。

② 所得税：所得税费用的计算采用资产负债表债务法，所得税税率为 25%，假定公司在未来期间能够产生足够的应纳税所得额用于抵扣可抵扣暂时性差异。

③ 公司采用的折旧政策与税法规定一致。

（5）职工薪酬：职工福利费的提取比例为 14%。

（6）利润分配：法定盈余公积提取比例为 10%。

（四）期初资料

滨海东方股份有限责任公司是一家加工制造类企业，公司生产和销售甲、乙两种产品。公司 2018 年 8 月 1 日有关的账户期初余额如表 5-1 所示。

表5-1　公司2018年08月01日账户余额表

单位：元

账户	借方余额	贷方余额
库存现金	1 200.00	
银行存款	200 000.00	
应收账款	50 000.00	
库存商品	150 000.00	
原材料	40 000.00	
预付账款	12 000.00	
固定资产	1 000 000.00	
累计折旧		120 000.00
短期借款		100 000.00
应付账款		60 000.00
应付职工薪酬		4 200.00
长期借款		200 000.00
实收资本		700 000.00
资本公积		80 000.00
盈余公积		40 000.00
未分配利润		149 000.00
合计	1 453 200.00	1 453 200.00

其中：

（1）"库存商品"账户 150 000 元，包括甲产品 80 000 元（400 件，成本单价 200 元），乙产品 70 000 元（700 件，成本单价 100 元）。

（2）"应收账款"账户 50 000 元，包括应收 X 公司 30 000 元，应收 Y 公司 20 000 元；"预付账款"账户 12 000 元，为预付新华保险公司保险费 12 000 元。

（3）"原材料"账户 40 000 元，包括 A 材料 30 000 元（1 200 只，单价 25 元），B 材料 10 000 元（1 000 千克，单价 10 元）。

（4）"应付账款"账户 60 000 元为应付山东 G 有限责任公司的购料款。

（5）"未分配利润"账户 149 000 元是该公司截至 2018 年 7 月末累计实现的利润。

（五）业务资料

2018 年 8 月，公司发生如下经济业务：

（1）1 日，向山东 G 有限责任公司和山东 K 有限责任公司购买原材料，并验收入库。相关单据如凭 5-1～凭 5-6 所示。

凭 5-1

山东增值税专用发票

发票联 山东省 国家税务局监制

No 096872141

开票日期：2018 年 08 月 01 日

购货单位	名　称：滨海东方股份有限责任公司 纳税人识别号：370102169354239123 地址、电话：威海市环翠区统一路　0631-8895453 开户行及账号：中国银行威海市环翠支行　0101020304050607080911111	密码区	略

货物或应税劳务名称	规格型号	单位	数量	单价	金额	税率	税额
A 材料		只	1 000	26.00	26 000.00	16%	4 160.00
合计					￥26 000.00		￥4 160.00

价税合计（大写）	人民币叁万零壹佰陆拾元整		￥30 160.00

销货单位	名　称：山东 G 有限责任公司 纳税人识别号：370705639548781123 地址、电话：威海市高区文化路　0531-8982255 开户行及账号：中国工商银行文化路支行　80105032251234567	备注	山东G有限责任公司 370705639548781123 发票专用章

收款人：温和　　　　复核：张力　　　　开票人：刘丽　　　　销货单位：（章）

凭 5-2

山东增值税专用发票

山东省
发票联
国家税务局监制

No 076765421

开票日期：2018 年 08 月 01 日

购货单位	名　　称：	滨海东方股份有限责任公司					密码区	略
	纳税人识别号：	370102169354239123						
	地址、电话：	威海市环翠区统一路　0631-8895453						
	开户行及账号：	中国银行威海市环翠支行　010102030405060708091111						

货物或应税劳务名称	规格型号	单位	数量	单价	金额	税率	税额
B 材料		千克	500	11.00	5 500.00	16%	880.00
合计					￥5 500.00		￥880.00

价税合计（大写）	人民币陆仟叁佰捌拾元整		（小写）￥6 380.00

销货单位	名　　称：	山东 K 有限责任公司	备注
	纳税人识别号：	370705639512345123	
	地址、电话：	威海市经区沿海路　0631-5700255	
	开户行及账号：	中国建设银行沿海路支行　80105045671234567811	

山东K有限责任公司
370705639512345123
发票专用章

收款人：李红　　　　复核：张晓　　　　开票人：刘颖　　　　销货单位：（章）

第二联：发票联　购货方记账凭证

凭 5-3

中国银行

转账支票存根（鲁）

10403720

01018031

附加信息

出票日期：2018 年 08 月 01 日

收款人：山东 G 有限责任公司
金额：￥30 160.00
用途：采购 A 材料

单位主管：　　　会计：　　　　　　　　财务

滨海东方股份

凭 5-4

中国银行
转账支票存根（鲁）

10403720

01018031

附加信息

- -

出票日期：2018 年 08 月 01 日

收款人：山东 K 有限责任公司	
金额：¥6 380.00	
用途：采购 B 材料	

单位主管：　　　会计：　　　　　　　　财务

凭 5-5

入 库 单

发票号码：096872141

供应单位：山东 G 有限责任公司　　　　　　　　　　　　　　　　入库单编号：93634

材料类别：　　　　　　　　　2018 年 08 月 01 日　　　　　　　收料仓库：材料库

编号	名称	规格	单位	数量		实际成本					备注	②会计记账联
				应收	实收	买价		运杂费	其他	合计		
						单价	金额					
	A 材料		只	1 000	1 000	26	26 000.00			26 000.00		
合计							26 000.00			26 000.00		

主管：　　　　　检验员：　　　　　保管员：　　　　　会计：李军

凭 5-6

入 库 单

发票号码：076765421

供应单位：山东 K 有限责任公司　　　　　　　　　　　　　　　　入库单编号：93635

材料类别：　　　　　　　　　2018 年 08 月 01 日　　　　　　　收料仓库：材料库

编号	名称	规格	单位	数量		实际成本					备注	②会计记账联
				应收	实收	买价		运杂费	其他	合计		
						单价	金额					
	B 材料		千克	500	500	11	5 500.00			5 500.00		
合计							5 500.00			5 500.00		

主管：　　　　　检验员：　　　　　保管员：　　　　　会计：李军

（2）2日，生产车间领用物料进行生产。相关单据如凭5-7、凭5-8所示。

凭5-7

领 料 单

领料单位：生产车间 编号：625137

用途：生产甲产品 2018 年 08 月 02 日 仓库：材料库

材料编号	材料名称及规格	计量单位	数量		成本		备注
			请领	实领	单位成本	金额	
	A 材料	只	1 000	1 000			

领料单位负责人：刘辉 领料人：赵洋 发料人：刘静 制单：孟红伟

凭5-8

领 料 单

领料单位：生产车间 编号：625138

用途：生产乙产品 2018 年 08 月 02 日 仓库：材料库

材料编号	材料名称及规格	计量单位	数量		成本		备注
			请领	实领	单位成本	金额	
	B 材料	千克	1 500	1 500			

领料单位负责人：刘辉 领料人：赵洋 发料人：刘静 制单：孟红伟

（3）8日，向山东X、Y公司销售甲产品和乙产品。相关单据如凭5-9～凭5-12所示。

凭5-9

山东增值税专用发票

No 076765421

开票日期：2018 年 08 月 08 日

购货单位	名 称： 山东 X 有限责任公司 纳税人识别号：370704169324680123 地址、电话：山东省青岛市南区威海路 0532-12345678 开户行及账号：中国银行青岛分行 01010543211234567811 2222	密码区	略	第二联：发票联 购货方记账凭证
货物或应税劳务名称	规格型号	单位	数量	单价	金额	税率	税额
甲产品		件	400	300.00	120 000.00	16%	19 200.00
合计					￥120 000.00		￥19 200.00
价税合计（大写）	人民币壹拾叁万玖仟贰佰元整				（小写）￥139 200.00		
销货单位	名 称： 滨海东方股份有限责任公司 纳税人识别号：370102169354239123 地址、电话：威海市环翠区统一路 0631-8895453 开户行及账号：中国银行威海市环翠支行 01010203040506070809 1111	注	370102169354239123 发票专用章	

收款人：韩平 复核：王芳 开票人：韩平 销货单位：（章）

凭 5-10

山东增值税专用发票

发票联

No 076765422

开票日期：2018 年 08 月 08 日

<table>
<tr><td rowspan="4">购货单位</td><td>名　　称：山东 Y 有限责任公司</td><td rowspan="4">密码区</td><td rowspan="4">略</td></tr>
<tr><td>纳税人识别号：370704169313579123</td></tr>
<tr><td>地址、电话：山东省青岛市南区红军路　0532-56789000</td></tr>
<tr><td>开户行及账号：中国银行青岛分行红军支行　0101000009123456 78112222</td></tr>
</table>

<table>
<tr><td>货物或应税劳务名称</td><td>规格型号</td><td>单位</td><td>数量</td><td>单价</td><td>金额</td><td>税率</td><td>税额</td></tr>
<tr><td>乙产品</td><td></td><td>件</td><td>500</td><td>160.00</td><td>80 000.00</td><td>16%</td><td>12 800.00</td></tr>
<tr><td>合计</td><td></td><td></td><td></td><td></td><td>￥80 000.00</td><td></td><td>￥12 800.00</td></tr>
</table>

<table>
<tr><td>价税合计（大写）</td><td>人民币玖万贰仟捌佰元整</td><td>（小写）￥92 800.00</td></tr>
</table>

<table>
<tr><td rowspan="4">销货单位</td><td>名　　称：滨海东方股份有限责任公司</td><td rowspan="4">备注</td></tr>
<tr><td>纳税人识别号：370102169354239123</td></tr>
<tr><td>地址、电话：威海市环翠区统一路　0631-8895453</td></tr>
<tr><td>开户行及账号：中国银行威海市环翠支行　0101020304050607 08091111</td></tr>
</table>

收款人：韩平　　　　　复核：王芳　　　　　开票人：韩平　　　　　销货单位：（章）

第二联：发票联 购货方记账凭证

凭 5-11

商品出库单

购货单位：山东 X 有限责任公司　　　　　2018 年 08 月 08 日　　　　　编号：276818

<table>
<tr><td>商品名称及规格</td><td>单位</td><td>数量</td></tr>
<tr><td>甲产品</td><td>件</td><td>400</td></tr>
<tr><td></td><td></td><td></td></tr>
<tr><td></td><td></td><td></td></tr>
</table>

会计主管：王芳　　　　　保管员：　　　　　记账：李军　　　　　制单：

凭 5-12

商品出库单

购货单位：山东 Y 有限责任公司　　　　　2018 年 08 月 08 日　　　　　编号：276819

<table>
<tr><td>商品名称及规格</td><td>单位</td><td>数量</td></tr>
<tr><td>乙产品</td><td>件</td><td>500</td></tr>
<tr><td></td><td></td><td></td></tr>
<tr><td></td><td></td><td></td></tr>
</table>

会计主管：王芳　　　　　保管员：　　　　　记账：李军　　　　　制单：

（4）8 日，取得电汇收账通知，收回山东 X 有限责任公司和山东 Y 有限责任公司货款。相关单据如凭 5-13、凭 5-14 所示。

凭 5-13

中国银行 电划代收补充报单（收账通知）

2018 年 08 月 08 日

业务类型		委托收款（□邮划、□电划）			托收承付（□邮划、□电划）									
付款人	全称	山东 X 有限责任公司			收款人	全称	滨海东方股份有限责任公司							
	账号	01010543211234567811222				账号或地址	01010203040506070809111							
	开户银行	中国银行青岛分行	行号	35335		开户银行	中国银行威海市环翠支行							
托收金额	（大写）人民币叁万元整				千	百	十	万	千	百	十	元	角	分
							¥	3	0	0	0	0	0	0
款项内容			支付货款											
备注		上列款项已划回，收入你方账户内。			中国银行威海市环翠支行 2018.08.08 收讫 收款人开户行盖章 年　月　日									
	验单付款 复核：　　记账：													

此联作收款人开户行给收款人的受理回单

凭 5-14

中国银行 电划代收补充报单（收账通知）

2018 年 08 月 08 日

业务类型		委托收款（□邮划、□电划）			托收承付（□邮划、□电划）									
付款人	全称	山东 Y 有限责任公司			收款人	全称	滨海东方股份有限责任公司							
	账号	01010000091234567811222				账号或地址	01010203040506070809111							
	开户银行	中国银行青岛分行红军支行	行号	35875		开户银行	中国银行威海市环翠支行							
托收金额	（大写）人民币贰万元整				千	百	十	万	千	百	十	元	角	分
							¥	2	0	0	0	0	0	0
款项内容			支付货款											
备注		上列款项已划回，收入你方账户内。			中国银行威海市环翠支行 2018.08.08 收讫 收款人开户行盖章 年　月　日									
	验单付款 复核：　　记账：													

此联作收款人开户行给收款人的受理回单

（5）10 日，收到向山东 G 有限公司和山东 K 有限公司购买 A 材料和 B 材料。相关单据如凭 5-15～凭 5-18 所示。

凭 5-15

山东增值税专用发票

发票联

No 096872149

开票日期：2018 年 08 月 10 日

购货单位	名　　称：滨海东方股份有限责任公司 纳税人识别号：370102169354239123 地址、电话：威海市环翠区统一路　0631-8895453 开户行及账号：中国银行威海市环翠支行　01010203040506070809 1111							密码区	略	
货物或应税劳务名称	规格型号	单位	数量	单价	金额		税率	税额	
A 材料		只	500	24.00	12 000.00		16%	1 920.00	
合计					￥12 000.00			￥1 920.00	
价税合计（大写）	人民币壹万叁仟玖佰贰拾元整							（小写）￥13 920.00	
销货单位	名　　称：山东 G 有限责任公司 纳税人识别号：370705639548781123 地址、电话：威海市高区文化路　0631-8982255 开户行及账号：中国工商银行威海市文化路支行　80105032251234567								

收款人：温和　　　　复核：张力　　　　开票人：刘丽　　　　销货单位：（章）

第二联：发票联　购货方记账凭证

凭 5-16

入　库　单

发票号码：096872149

供应单位：山东 G 有限责任公司　　　　　　　　　　　　　　　　　　　入库单编号：93636

材料类别：　　　　　　　　　　　　2018 年 08 月 10 日　　　　　　　　收料仓库：材料库

编号	名称	规格	单位	数量		实际成本					备注
				应收	实收	买价		运杂费	其他	合计	
						单价	金额				
	A 材料		只	500	500	24	12 000.00			12 000.00	
合计							12 000.00			12 000.00	

主管：　　　　　检验员：　　　　　保管员：　　　　　会计：李军

②会计记账联

凭 5-17

山东增值税专用发票

No 076765444

开票日期：2018 年 08 月 10 日

购货单位	名 称：	滨海东方股份有限责任公司					密码区	略	
	纳税人识别号：	370102169354239123							
	地址、电话：	威海市环翠区统一路 0631-8895453							
	开户行及账号：	中国银行威海市环翠支行 01010203040506070809 1111							

货物或应税劳务名称	规格型号	单位	数量	单价	金额	税率	税额
B 材料		千克	2 000	11.00	22 000.00	16%	3 520.00
合计					¥22 000.00		¥3 520.00

价税合计（大写）	人民币贰万伍仟伍佰贰拾元整	（小写）¥25 520.00

销货单位	名 称：	山东 K 有限责任公司	
	纳税人识别号：	370705639512345123	
	地址、电话：	威海市经区沿海路 0631-5700255	
	开户行及账号：	中国建设银行威海分行沿海路支行 8010504567123456781	备注

收款人：李红   复核：张晓   开票人：刘颖   销货单位：（章）

凭 5-18

入 库 单

发票号码：076765444

供应单位：山东 K 有限责任公司   入库单编号：93637

材料类别：   2018 年 08 月 10 日   收料仓库：材料库

编号	名称	规格	单位	数量		实际成本				备注
				应收	实收	买价		运杂费	其他	合计	
						单价	金额				
	B 材料		千克	2 000	2 000	11	22 000.00			22 000.00	
合计							22 000.00			22 000.00	

主管：   检验员：   保管员：   会计：李军

（6）15 日，支付前欠货款。相关单据如凭 5-19 所示。

凭 5-19

中国银行
转账支票存根（鲁）

10403720
01018031
附加信息_____

出票日期：2018 年 08 月 15 日

收款人：山东 G 有限责任公司
金额：¥60 000.00
用途：支付材料款

单位主管：　　　会计：　　　财务

（7）18 日，提现 2 500 元备用。填写中国银行现金支票（凭 5-20）。

凭 5-20

中国银行现金支票存根（鲁）10403710 53410301 附加信息_____ 出票日期：　年　月　日 收款人：_____ 金额：_____ 用途：_____ 单位主管：　会计：	中国银行现金支票（鲁）

中国银行现金支票（鲁）

10403710
签发日期（大写）　年　月　日　　付款行名称：
收款人：　　　　　　　　　　　出票人账号：

人民币（大写）	千	百	十	万	千	百	十	元	角	分

用途_____

上列款项请从我账户内支付

出票人签：　　　复核：　　　记账：

（8）20 日，销售科李力借款。借款单如凭 5-21 所示。

凭 5-21

滨海东方股份有限责任公司现金借款单

2018 年 08 月 20 日

借款人：销售科　李力	
借款用途：差旅费	
借款金额：（大写）人民币贰仟元整	￥2 000.00
单位负责人所属部门：办公室	借款人：李力
单位负责人批示：同意借款	签字：张生
出纳签章：韩平	

（9）22日，生产车间领用原材料。领料单如凭5-22所示。

凭5-22

领料单

领料单位：生产车间　　　　　　　　　　　　　　　　　　　　　　　　　　　　编号：6251322
用途：生产甲产品　　　　　　　　　2018年08月22日　　　　　　　　　　　　　仓库：材料库

材料编号	材料名称及规格	计量单位	数量		成本		备注
			请领	实领	单位成本	金额	
	A材料	只	1 000	1 000			

领料单位负责人：刘辉　　　　　领料人：赵洋　　　　　发料人：刘静　　　　　制单：孟红伟

（10）24日，向新海机电有限公司购买设备。相关单据如凭5-23、凭5-24所示。

凭5-23

山东增值税专用发票

发票联

No 096872141

开票日期：2018年08月24日

购货单位	名　称：滨海东方股份有限责任公司 纳税人识别号：3701021693542391123 地址、电话：威海市环翠区统一路　0631-8895453 开户行及账号：中国银行威海市环翠支行　0101020304050607080911111	密码区	略

货物或应税劳务名称	规格型号	单位	数量	单价	金额	税率	税额
丙设备		台	1	40 000.00	40 000.00	16%	6 400.00
合计					¥40 000.00		¥6 400.00

价税合计（大写）	肆万陆仟肆佰元整	（小写）¥46 400.00

销货单位	名　称：新海机电有限责任公司 纳税人识别号：370705639548781123 地址、电话：威海市环翠区统一南路　0631-8898225 开户行及账号：中国工商银行威海分行　80204060801234567	备注	370705639548781123 发票专用章

收款人：刘红　　　　复核：张丽　　　　开票人：刘红　　　　销货单位：（章）

第二联：发票联　购货方记账凭证

凭5-24

中国银行
转账支票存根（鲁）

10403720

01018031

附加信息 _____

- -

出票日期：2018 年 08 月 24 日

| 收款人：新海机电有限责任公司 |
| 金额：¥ 46 400.00 |
| 用途：采购丙设备 |

单位主管:　　会计:

（11）28 日，李力出差归来报销差旅费。相关单据如凭 5-25、凭 5-26 所示（住宿发票和车票略）。

凭5-25

滨海东方股份有限责任公司费用报销单
2018 年 08 月 28 日

姓名		李力		出差事由		订货会	出差自 2018 年 8 月 21 日至 27 日				共 7 天
起讫时间及地点						票别	出差补助			住宿费	其他
月	日	起	月	日	讫	金额	天数	标准	金额	金额	
8	21		8	27		800	7	80	560	140	
小计						800			560	140	
合计金额（大写）：人民币壹仟伍佰元整											
备注：预借 2 000.00 元　　　　核销：1 500.00 元　　　　退回：500.00 元											

凭 5-26

滨海东方股份有限责任公司

收款收据

2018 年 08 月 28 日

经手人：韩平

（12）31 日，支付本月电费，如凭 5-27～凭 5-29 所示。

凭 5-27

2018年8月份 电费明细表

客户名称	滨海东方股份有限公司		电话号码	0631-88954536	户号	1705459736
客户地址	山东省威海市环翠区统一路				营业区	环翠区服务中心
月用电量	电价/（元/千瓦时）	电费/元	电表起止码			
3 500 千瓦时	1.00	3 500.00	起码 10307 止码 13807			
累计欠费（含本月）	0	抄表时间	2018.08.31	抄表员	吴刚	

凭 5-28

电费分配汇总表

2018 年 08 月 31 日

车间及产品	电费			备注
	耗用量/千瓦时	单价/（元/千瓦时）	金额/元	
生产车间	2 000	1.00	2 000.00	
行政部门	1 500	1.00	1 500.00	
合计	3 500		3 500.00	

凭 5-29

中国银行
转账支票存根（鲁）

10403720
01018031
附加信息_____

出票日期：2018 年 08 月 31 日

收款人：威海市电力公司
金额：¥3 500.00
用途：支付电费

单位主管：　　　会计：

（13）31 日，计提本月折旧。固定资产折旧计算表如凭 5-30 所示。

凭 5-30

固定资产折旧计算表

2018 年 08 月 31 日　　　　　　　　　　　　　　　　单位：元

使用部门	固定资产项目	上月折旧额	上月增加固定资产		上月减少固定资产		本月折旧额	分配费用
			原价	折旧额	原价	折旧额		
生产车间	厂房	5 000.00	300 000.00	1 500.00				
	机器设备	1 000.00						
	其他设备	260.00						
	小计	6 260.00						
管理部门	房屋建筑物	2 800.00						
	运输工具	2 000.00			28 000.00	1 400.00		
	小计	4 800.00						
合计		11 060.00		1 500.00		1 400.00		

（14）31 日，计提并分配本月工资。职工薪酬结算汇总表如凭 5-31 所示。

凭 5-31

职工薪酬结算汇总表

2018 年 08 月 31 日　　　　　　　　　　　　　　　单位：元

部门名称	基本工资	岗位津贴	应付职工薪酬	代扣款项目	实付职工薪酬	备注
生产甲产品工人	45 000.00	5 000.00	50 000.00	0	50 000.00	
生产乙产品工人	5 000.00	1 000.00	6 000.00	0	6 000.00	
车间管理人员	8 000.00	2 000.00	10 000.00	0	10 000.00	
行政管理人员	10 000.00	2 000.00	12 000.00	0	12 000.00	
合计	68 000.00	10 000.00	78 000.00	0	78 000.00	

制表人：李军

（15）31 日，本月应负担的银行短期借款利息。应付利息计算表如凭 5-32 所示。

凭 5-32

本月应付利息计算表

付息单位：滨海东方股份有限责任公司　　　　　　　　截止日期 2018 年 08 月 31 日

序号	起讫期	借款种类	计息基数	年利率	应付利息/元
1	2018.08.01～08.31	短期借款			2 400.00
2					
	合计				2 400.00

（16）31 日，将本月制造费用按生产工人工资进行分配，分配率保留小数点四位。填写制造费用分配表（凭 5-33）。

凭 5-33

制造费用分配表

2018 年 08 月 31 日　　　　　　　　　　　　　　　单位：元

分配对象	分配标准（生产工人工资）	分配率	分配金额
甲产品	50 000.00		
乙产品	6 000.00		
合计	56 000.00		

（17）31 日，结转已完工产品的生产成本，甲产品产量 500 件，乙产品产量 200 件。填写相关单据（凭 5-34～凭 5-36）。

凭 5-34

产品成本计算单

完工：500 件

产品名称：甲产品　　　　　　　2018 年 08 月 31 日　　　　　　　　单位：元

项目	直接材料	直接人工	制造费用	合计
本月发生生产成本				
完工产品总成本				
完工产品单位成本				

审核：　　　　　　　　　　　　　　制单：

凭 5-35

产品成本计算单

完工：200 件

产品名称：乙产品　　　　　　　　　　2018 年 08 月 31 日　　　　　　　　　　单位：元

项目	直接材料	直接人工	制造费用	合计
本月发生生产成本				
完工产品总成本				
完工产品单位成本				

审核：　　　　　　　　　　　　　　　　　　　　制单：

凭 5-36

产品入库单

字第 325632 号

单位：生产车间　　　　　　　　　　2018 年 08 月 31 日　　　　　　　　　　单位：元

产品编号	产品名称	计量单位	实收数量	单位成本	总成本	备注
	甲产品	件				
	乙产品	件				
合计						

主管：　　　　　　保管：　　　　　　交库：　　　　　　会计：

（18）31 日，计算结转本月未交增值税。填写应交增值税计算表（凭 5-37）。

凭 5-37

应交增值税计算表

2018 年 08 月 31 日　　　　　　　　　　单位：元

应交增值税所属时间	当期销项税额	当期进项税额	应交增值税
2018.08.01～08.31			

（19）31 日，结转已销甲、乙产品的实际生产成本，其中，甲产品 400 件，乙产品 500 件，填写本月销售成本计算表（凭 5-38）。

凭 5-38

本月销售成本计算表

2018 年 08 月 31 日　　　　　　　　　　金额单位：元

产品名称	单位	本月销售		
		数量	单位成本	金额
A 产品	件			
B 产品	件			
合计				

| 实训五 加工企业会计核算 | 203

（20）31 日，摊销本月应承担的财产保险费。财产保险费用摊销计算表如凭 5-39 所示。

凭 5-39

财产保险费用摊销计算表

2018 年 08 月 31 日　　　　　　　　　　　　　　　　　　　　单位：元

所属摊销期间	摊销总额	本期摊销额	累计摊销额
2018.08.01～08.31	12 000.00	1 000.00	1 000.00

（21）31 日，计算城建税及教育税附加。填写本月应交城建税及教育费附加计算表（凭 5-40）。

凭 5-40

本月应交城建税及教育费附加计算表

2018 年 08 月 31 日　　　　　　　　　　　　　　　　　　　　单位：元

税种	计税依据				税率	应纳税金额
	增值税	营业税	消费税	合计		
城建税					7%	
教育费附加					3%	
合计						

审核：　　　　　　　　　制表：李军

（22）31 日，结转各损益类账户至本年利润。填写本月损益类账户结转表（凭 5-41）。

凭 5-41

本月损益类账户结转表

2018 年 08 月 31 日　　　　　　　　　　　　　　　　　　　　单位：元

科目名称	借方发生额	贷方发生额
合　计		

制单：

（23）31 日，按税率 25%计算企业应缴纳的所得税。填写本月企业所得税计算表（凭 5-42）。

凭 5-42

本月企业所得税计算表

2018 年 08 月 31 日　　　　　　　　　　　　　　　　　　　　单位：元

计税依据（应纳税所得额）	税率	本期应交所得税金额
	25%	

（24）31 日，将所得税费用结转至"本年利润"账户。填写内部转账单（凭 5-43）。

凭 5-43

内部转账单

2018 年 08 月 31 日　　　　　　　　　　　　　　单位：元

应借科目	应贷科目	金额	备注

（25）31 日，提取法定盈余公积。填写本年提取盈余公积金计算表（凭 5-44）。

凭 5-44

本年提取盈余公积金计算表

企业名称：滨海东方股份有限责任公司　　　　2018 年 08 月 31 日　　　　　　单位：元

项目	金额（小数点后两位）
本年净利润	
减：弥补企业以前年度亏损	0
计提盈余公积基数	
本年应计提法定盈余公积	

会计主管：王芳　　　　　审核：　　　　　制表：李军

（26）31 日，将实现的净利润转入"利润分配——未分配利润"明细账户。填写内部转账单（凭 5-45）。

凭 5-45

内部转账单

2018 年 08 月 31 日　　　　　　　　　　　　　　单位：元

应借科目	应贷科目	金额	备注

（27）31 日，将"利润分配"账户下"提取盈余公积"明细账户的余额转入"利润分配——未分配利润"明细账户。填写内部转账单（凭 5-46）。编制资产负债表（表 5-2）和利润表（表 5-3）。

凭 5-46

内部转账单

2018 年 08 月 31 日　　　　　　　　　　　　　　单位：元

应借科目	应贷科目	金额	备注

表5-2　资产负债表

会企01表

编制单位：　　　　　　　　　　　　　　年　月　日　　　　　　　　　　　　　单位：元

资产	期末余额	年初余额	负债和所有者权益	期末余额	年初余额
流动资产：			流动负债：		
货币资金			短期借款		
短期投资			应付票据		
应收票据			应付账款		
应收账款			预收账款		
预付账款			应付职工薪酬		
应收股利			应交税费		
应收利息			应付利息		
其他应收款			应付利润		
存货			其他应付款		
其中：原材料			其他流动负债		
在产品			流动负债合计		
库存商品			非流动负债：		
周转材料					
其他流动资产			长期借款		
流动资产合计			长期应付款		
非流动资产：			递延收益		
长期债券投资			其他非流动负债		
长期股权投资			非流动负债合计		
固定资产原价			负债合计		
减：累计折旧					
固定资产账面价值					
在建工程					
工程物资					
固定资产清理					
生产性生物资产			所有者权益：		
无形资产			实收资本		
开发支出			资本公积		
长期待摊费用			盈余公积		
其他非流动资产			未分配利润		
非流动资产合计			所有者权益合计		
资产总计			负债和所有者权益总计		

表5-3　利润表

会企02表

编制单位：　　　　　　　　　　　　　　年　月　　　　　　　　　　　　　　　单位：元

项目	本年累计金额	本月金额
一、营业收入		
减：营业成本		
税金及附加		
其中：消费税		
城市维护建设税		
资源税		
土地增值税		
城镇土地使用税、房产税、车船税、印花税		
教育费附加、矿产资源补偿费、排污费		
销售费用		
其中：商品维修费		
广告费和业务宣传费		
管理费用		
其中：开办费		
业务招待费		
研究费用		
财务费用		
其中：利息费用（收入以"-"号填列）		
加：投资收益（损失以"-"号填列）		
二、营业利润（亏损以"-"号填列）		
加：营业外收入		
其中：政府补助		
减：营业外支出		
其中：坏账损失		
无法收回的长期债券投资损失		
无法收回的长期股权投资损失		
自然灾害等不可抗力因素造成的损失		
税收滞纳金		
三、利润总额（亏损总额以"-"号填列）		
减：所得税费用		
四、净利润（净亏损以"-"号填列）		

注：本表"本年累计金额"栏反映各项目自年初起至报告期末止的累计实际发生额；本表"本月金额"栏反映各项目的本月实际发生额。在编报年度财务报表时，应将"本月金额"栏改为"上年金额"栏，填列上年全年实际发生额。

参 考 文 献

会计职业教育专业委员会编委会，2018. 会计新手岗位实训[M]. 厦门：厦门大学出版社.

企业会计准则编审委员会，2015. 企业会计准则[M]. 上海：立信会计出版社.

朱菲菲，2018. 真账实操教你学税务处理[M]. 北京：中国铁道出版社.